Johannes Schumann

LEICHTE TESTS

Spanisch

Max Hueber Verlag

Ⓡ Dieses Werk folgt der seit dem 1. August 1998 gültigen Rechtschreibreform.

3. 2. | Die letzten Ziffern
2006 05 04 03 | bezeichnen Zahl und Jahr des Druckes.
Alle Drucke dieser Auflage können, da unverändert, nebeneinander benutzt werden.
1. Auflage

Umschlaggestaltung: Parzhuber & Partner, München
Zeichnungen: Tatiana Žitňanová, Bratislava, Slowakei
Layout: Petra Obermeier, München
Druck und Bindung: Ludwig Auer, Donauwörth
Printed in Germany
ISBN 3-19-004184-9

Vorwort

Wie oft hat man nicht zwischendurch mal ein paar Minuten Zeit zum Lernen! Im Bus, am Strand, im Café ... Nutzen Sie diese Zeit zum Wiederholen und Entdecken von Neuem. Die „Leichten Tests" helfen Ihnen, Ihren Grundwortschatz zu festigen und zu erweitern – eben auf ganz leichte Art! Die Lösungen am Ende des Buches geben Ihnen die nötige Sicherheit und Kontrolle.

Denken Sie daran, dass es nicht wichtig ist, möglichst viele Tests hintereinander zu lösen. Prägen Sie sich jeweils nur einen Test gut ein – aber möglichst regelmäßig und am besten täglich. Markieren Sie, was Ihnen wichtig ist und was Sie lernen möchten.
Beim Wortschatzerwerb spielt die Häufigkeit der Wiederholung die entscheidende Rolle, damit Neues ins Langzeitgedächtnis übergehen kann.

Das Testbuch ist geeignet für erwachsene Selbstlerner, aber auch für Schüler, die in abwechslungsreicher und spielerischer Form ihre Sprachkenntnisse auffrischen wollen.

Wir wünschen Ihnen viel Spaß!

DIESE ARTEN VON TESTS GIBT ES

Hinweis: Einige Testnummern sind unter mehreren Rubriken genannt.

TESTS ZU BESTIMMTEN THEMEN

TESTS ZU WORTSCHATZ UND GRAMMATIK

TEST 1 **Finden Sie waagerecht oder senkrecht 23 Namen der Tage, Monate und Jahreszeiten.**

M	R	A	**A**	**B**	**R**	**I**	**L**	M	C	K	Z	D	I	M
A	C	Y	B	A	Z	C	A	G	O	S	T	O	J	A
R	M	I	É	R	C	O	L	E	S	M	V	M	I	Y
Z	O	C	T	U	B	R	E	O	J	U	N	I	O	O
O	V	L	O	T	O	Ñ	O	N	W	I	A	N	S	D
L	E	U	P	W	L	O	N	H	I	I	N	G	Á	I
F	R	N	E	J	A	R	P	V	L	N	F	O	B	C
J	A	E	A	U	P	R	I	M	A	V	E	R	A	I
M	N	S	M	E	V	H	M	S	D	I	B	C	D	E
A	O	N	O	V	I	E	M	B	R	E	R	X	O	M
R	N	D	Y	E	N	B	R	D	X	R	E	F	V	B
T	X	U	T	S	G	K	B	O	M	N	R	E	U	R
E	J	L	J	U	L	I	O	U	K	O	O	A	E	E
S	T	J	J	K	S	E	P	T	I	E	M	B	R	E
E	N	E	R	O	B	V	I	E	R	N	E	S	T	N

Finden Sie die logische Entsprechung.

beber bebida champú coches cubierto desierto Dinamarca escenario hija nadar oscuridad país papelera pata pintor raqueta servilleta ternero tornillo ~~verdura~~

1. naranja : fruta = pepino : verdura
2. violín : instrumento musical = Italia : ____________________
3. taza : vajilla = tenedor : ____________________
4. Lisboa : Portugal = Copenhague : ____________________
5. pimienta : condimento = agua mineral : ____________________
6. automóvil : rueda = mesa : ____________________
7. cuchara : comer = vaso : ____________________
8. puerto : barcos = aparcamiento : ____________________
9. piel : jabón = cabellos : ____________________
10. martillo : clavo = destornillador : ____________________
11. águila : volar = ballena : ____________________
12. padre : hijo = madre : ____________________
13. gallina : pollo = vaca : ____________________
14. cine : pantalla = teatro : ____________________
15. boxeo : guante = tenis : ____________________
16. cigarro : cenicero = papel : ____________________
17. manos : toalla = boca : ____________________
18. orquídea : bosque lluvioso = cactus : ____________________
19. Mozart : músico = Picasso : ____________________
20. día : claridad = noche : ____________________

TEST 3 Setzen Sie ein.

amigo claro cuesta Dónde en en ~~equivoca~~
filmar hablar llamar llamar merece otra semana
sobre sólo sube tener traje vale

1. Da irren Sie sich. > Usted se equivoca en eso.
2. Das hat er nicht verdient. > No lo ________.
3. Was sonst noch? > ¿Alguna ___________ cosa?
4. den Anzug anziehen > ponerse el _____________
5. Der Preis beträgt 100 Euro. > El precio ____________ a 100 euros.
6. Vertrauen haben zu > _____________ confianza en
7. die Polizei rufen > _______________ a la policía
8. die ganze Woche lang > durante toda la ___________
9. Wie hoch ist die Prämie für die Versicherung für eine Woche? > ¿Cuánto ___________ la prima de seguro por una semana?
10. ein Freund / ein guter Bekannter von mir > un _________ mío
11. ein offenes Wort sprechen > hablar ___________
12. eine Sprache sprechen > ___________ una lengua
13. einen Film drehen > rodar un film / ___________ una película
14. Wir haben 100 Stück auf Lager. > Tenemos 100 piezas _______ almacén.
15. alles in allem > _______ suma
16. an die Tür klopfen > ___________ a la puerta
17. Wo kann ich einen Dolmetscher finden? > ¿_________ podría encontrar un intérprete?
18. Er ist erst sieben Jahre alt. > No tiene más que / tiene ___________ siete años.
19. es fällt mir schwer > me _______ mucho / me resulta difícil
20. aufmerksam machen auf > llamar la atención _________

Mit welchen Köperteilen kann man das tun?

el corazón - el cuello - el dedo - el pie - el puño - la barba - la cabeza - la mano - la nariz - la piel - las piernas - ~~los brazos~~ - los cabellos - los dientes - los huesos - los labios - los músculos - los oídos - los ojos - los pulmones

1. Con los brazos se puede abrazar a alguien.
2. Con ______________ se puede masticar la comida.
3. Con ______________ se piensa.
4. Con ______________ se puede besar a alguien.
5. Con ______________ se puede golpear con fuerza.
6. Con ______________ se puede oler.
7. Con ______________ se puede ver.
8. Con ______________ se puede oír.
9. ______________ se pueden romper.
10. ______________ se puede oír latir.
11. Con ______________ se puede escribir.
12. Con ______________ se puede señalar algo.
13. Con ______________ se puede sentir la temperatura.
14. ______________ los corta el peluquero.
15. ______________ hay que afeitarla.
16. Con ______________ se puede mover la cabeza.
17. Con ______________ se respira el aire.
18. Con ______________ se aplica la fuerza.
19. Con ______________ se frena.
20. Con ______________ se camina.

TEST 5 Stimmt das?

1. Cuando llueve mucho se produce un terremoto. Falso
2. La sidra es una bebida alcohólica fabricada a base de manzanas. Verdadero
3. El dueño de una casa tiene que pagar alquiler. ________
4. Sevilla se halla en el Norte de España. ________
5. España está formada por diecisiete comunidades autónomas. ________
6. Cervantes fue un músico español. ________
7. En Portugal se cultiva la uva. ________
8. El quechua es un dialecto de América Central. ________
9. En Alaska abundan los cocodrilos. ________
10. La Habana es la capital de la República Dominicana. ________
11. El hermano de mi padre es mi tío. ________
12. San Petersburgo es una ciudad situada en el sur de Polonia. ________
13. La miel se obtiene de ordeñar las libélulas. ________
14. El Himalaya es una montaña de África. ________
15. En el sur de Suiza se habla italiano. ________
16. La Torre Eiffel se construyó en el siglo XVIII. ________
17. Venezuela tiene fronteras con Argentina y Uruguay. ________
18. Jamaica fue una colonia de Inglaterra. ________
19. El pino es un árbol típicamente mediterráneo. ________

Setzen Sie ein.

Permanezca Tanto agua aire cinco comida cumplir ~~dicho~~ en entrada esta gran hospital interés memoria pedazos peor poco separarse tocar

1. man hat mir gesagt > me han dicho
2. oben auf dem Wasser > a ras del ___________
3. Ich habe ihn zu Hause angetroffen. > Lo encontré ________ casa.
4. Geige spielen > _________ el violín
5. sein Versprechen halten > _____________ su promesa
6. Besteht die Möglichkeit, vegetarische Kost zu erhalten? > ¿Tienen ustedes _______________ vegetariana?
7. Desto schlimmer! > ¡_________ peor!
8. heute früh / heute Morgen / heute Vormittag > _______ mañana / hoy temprano
9. sich trennen von > ________________ de
10. Einfahrt verboten! > ¡Prohibida la _____________ de vehículos!
11. mit großer Mühe > con _______ esfuerzo
12. Bleiben Sie drei Tage im Bett. > Quédese /__________________ en la cama durante tres días.
13. im Freien / unter freiem Himmel > al _______ libre
14. um so schlimmer > tanto _______
15. in Stücke schneiden > cortar en _____________
16. ins Krankenhaus bringen / schaffen > llevar al _______________
17. vor kurzem > hace _______ / el otro día / recientemente
18. es liegt in deinem Interesse > es de _____________ para ti
19. fünf Meter breit sein > tener _________ metros de ancho
20. zum Gedächtnis an / zur Erinnerung an > en _____________ de

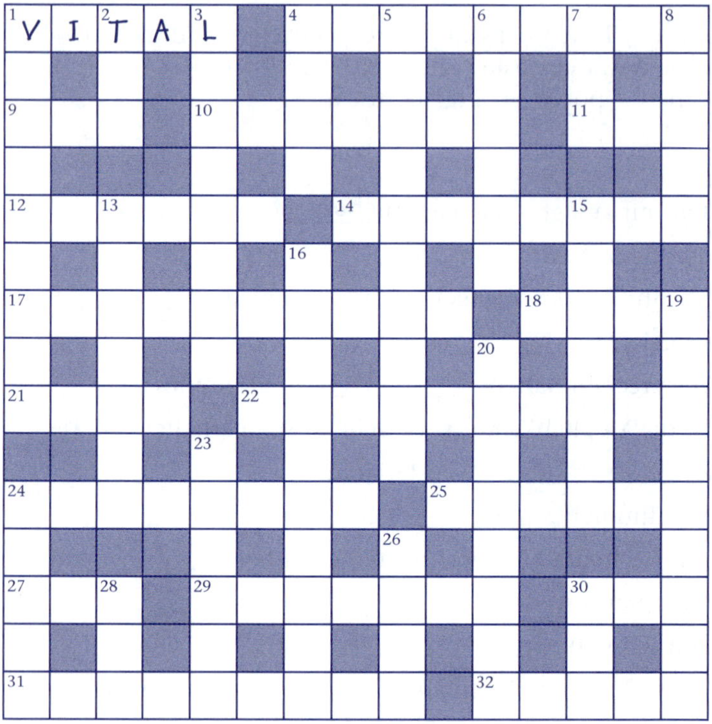

WAAGERECHT

1 Tiene mucha vitalidad, es muy v****.

4 El sustantivo de 'impresionar' es i********.

9 ¿Cuándo n** veremos, tú y yo?

10 Siempre olvido los nombres, tengo mala m******.

11 ¿Está Pedro? –No, a** no ha llegado.

12 'Escoger' es un sinónimo de 'e*****'.

14 Uno de los platos más típicos de la cocina española es la t******* de patatas.

17 El contrario de 'oriental' es 'o*********'.

18 ¿Qué manzana quieres, ésta o la o***?

21 'Aquí', 'ahí', 'allí' y 'a***' son adverbios de lugar.

22 Los jóvenes sólo piensan en d*********.

24 Para que haya una conexión hay que c******* una cosa con otra.

25 'Charlar' es un sinónimo de h*****.

27 A Pedro no le gusta hablar de s** problemas.

29 Tú has sido la p****** en llegar, y yo la segunda.

30 'D** las gracias' significa 'agradecer'.

31 A mí me sorprenden muchas cosas, pero a él no le s******** nada.

32 Portugal se encuentra en el O**** de la Península Ibérica.

SENKRECHT

1 El femenino de 'vendedor' es 'v********'.

2 Tengo fiebre, dolor de garganta y mucha t**: estoy resfriado.

3 Hemos l******* los cristales porque estaban muy sucios.

4 Hasta julio no podré i*** de vacaciones.

5 Nos conocemos poco, no hablamos de cuestiones p*********.

6 La medicina no es una ciencia e*****.

7 Quiero un billete de i** y vuelta, por favor.

8 No he estado n**** en París.

13 Esta escalera tiene un e****** roto.

15 El adjetivo derivado de la palabra 'lado' es 'l******'.

16 Si me han invitado, tengo una i*********.

19 'Alegrándose' es el gerundio del verbo 'a********'.

20 Un reloj puede estar en hora, adelantado o a*******.

23 'Ocupación' es el sustantivo correspondiente al verbo 'o*****'.

24 Otra palabra para decir 'objetos' es 'c****'.

26 Manolo me d*** tres mil pesetas.

28 'S**', 'estar' y 'parecer' son verbos copulativos.

30 ¿Cuánto son tres por d**? – Seis.

TEST 8 Setzen Sie ein.

a al Baleares capital clima el ~~encuentra~~ está fuentes habitantes islas jefe Juegos lleno lugares mar más montes océano otras país provincias Portugal se separan turistas

España

España se encuentra (1) en la Europa Meridional y, junto con __________ (2), ocupa la Península Ibérica. Limita __________ (3) Norte con el mar Cantábrico y los __________ (4) Pirineos, que la ________ (5) de Francia, al Este y al Sudeste con el __________ (6) Mediterráneo, al Sudoeste con al __________ (7) Atlántico y al Oeste con Portugal y __________ (8) océano Atlántico de nuevo.
Desde el punto de vista administrativo, España se divide en 54 __________ (9), de las cuales 47 son peninsulares y 3 insulares: __________ (10), Las Palmas y Santa Cruz de Tenerife. La superficie del __________ (11) es de 504 782 Km^2, incluyendo las ______ (12) Baleares y las Canarias. España, cuya __________ (13) es Madrid, es un estado constituído en reino donde el poder ejecutivo _______ (14) encuentra en manos del __________ (15) de Estado.
Actualmente la población española supera los 38 millones de __________ (16), y entre las ciudades __________ (17) populosas y conocidas se encuentran Barcelona, sede de los __________ (18) Olímpicos de 1992, Valencia, Sevilla y Zaragoza, entre ________ (19).
Si bien España __________ (20) situada en una zona templada, la variedad de su relieve contribuye a matizar su __________ (21). Es un país __________ (22) de bellezas naturales y __________ (23) de interés histórico y, debido __________ (24) ello, es destino de muchos __________ (25). El turismo es, por tanto, una de las principales __________ (26) de ingreso del país.

Setzen Sie ein.

Descuide Dónde Falta asiento carta comer confianza de desempleado ~~estoy~~ gasolina habitaciones miedo otra pico prisa quiere seguro turno verano

1. Da / Hier bin ich. > Aquí estoy______.
2. Machen Sie sich keine Sorgen! > ¡No se preocupe! / ¡__________!
3. Halt den Mund! / Sei ruhig! > ¡Cállate! / ¡Cierra la boca! / ¡Cierra el ________!
4. Das ist eine andere Frage. > Eso es ________ cuestión.
5. Was trinken Sie? > ¿Qué ____________ usted beber? / ¿Qué toma usted?
6. Ich habe es eilig. > Tengo __________.
7. Ich möchte etwas Leichtes essen. > Me gustaría __________ algo ligero.
8. den Brief schließen > terminar la __________
9. Der Sommer ist vorbei. > El ____________ ha pasado / terminado.
10. Vertrauen haben zu > tener __________________ en
11. die Räume des Hauses > los cuartos / las ___________ / las piezas de la casa
12. Wie hoch ist die Prämie für die Versicherung für eine Woche? > ¿Cuánto vale la prima del ____________ por una semana?
13. Sie sind dran. > Es su __________ / le toca a usted.
14. Wir haben Dienstag, den 17. April. > Estamos a martes 17 ___ abril.
15. Platz nehmen > tomar ______________
16. alles inbegriffen außer dem Benzin > todo incluido a excepción de la ________________
17. Wo kann ich parken? > ¿__________ puedo aparcar?
18. arbeitslos sein > estar ______________________ / estar en paro
19. Ist es noch weit? > ¿__________ mucho?
20. aus Furcht vor > por __________ a

TEST 10 Finden Sie die logische Entsprechung.

acostarse agua alemán avión botón calefacción copa cortar freír gafas guante leer mueble ~~oír~~ pared peluquero pequeño pobre solucionar tenedor

1. ojo : ver = oído : oír
2. bolígrafo : escribir = cuchillo : ____________________
3. quemar : fuego = mojar : ____________________
4. elefante : grande = ratón : ____________________
5. radio : escuchar = libro : ____________________
6. adivinanza : acertar = problema : ____________________
7. espaguetis : hervir = huevo frito : ____________________
8. Dinamarca : danés = Alemania : ____________________
9. librería : libros = óptica : ____________________
10. chaqueta : ropa = sofá : ____________________
11. frío : aire acondicionado = calor : ____________________
12. navegar : barco = volar : ____________________
13. lámpara : interruptor = ascensor : ____________________
14. generoso : avaro = rico : ____________________
15. panadería : panadero = peluquería : ____________________
16. sillón : sentarse = cama : ____________________
17. pie : zapato = mano : ____________________
18. alfombra : suelo = cuadro : ____________________
19. sopa : cuchara = patatas : ____________________
20. café : taza = vino : ____________________

Bilden Sie Fragen.

Adónde - A qué - A quién - A quién - Cómo - Cuál - Cuántas - Cuánto - Cuánto - Cuántos - De dónde - De quién - Dónde - Qué – ~~Quién~~

1. ¿ Quién ______ es ése? - Ése es mi jefe.
2. ¿ ______ llamas? - A mis padres.
3. ¿ ______ le prestas el libro? - A mi amigo.
4. ¿ ______ es ese monedero? - Es mío.
5. ¿ ______ vive usted? - En Barcelona.
6. ¿ ______ viaja usted? - A Caracas.
7. ¿ ______ viene usted? - De Colombia.
8. ¿ ______ cuesta la comida? - Muy poco dinero.
9. ¿ ______ hijos tiene usted? - Dos, un chico y una chica.
10. ¿ ______ música le gusta? - Sólo la música moderna.
11. ¿ ______ es su actor favorito? - Harrison Ford.
12. ¿ ______ prefiere la carne? - Muy hecha.
13. ¿ ______ se dedica en su tiempo libre? - A la filatelia.
14. ¿ ______ veces a la semana tiene clases? - Dos veces a la semana.
15. ¿ ______ tiempo vivió en el extranjero? - Casi dos años.

TEST 12 Setzen Sie ein.

allá asistir canción caída desde esforzarse Estoy hacia ~~lados~~ medio menor mes nadie otros persona persona que reloj reunión setenta

1. nach allen Seiten > hacia todos los lados
2. Ich habe niemanden gesehen. > No he visto a _________.
3. gegen Abend > a la _________ de la tarde / a última hora de la tarde
4. Meine Uhr geht vor. > Mi _________ va adelantado.
5. seit 2 Jahren > _________ hace 2 años
6. jemandem Glück wünschen > desear suerte a una _____________
7. die übrigen Menschen > las demás personas / los _________
8. siebzig Meter hoch > _____________ metros de alto
9. viel Mühe verwenden auf > ___________________ mucho por / hacer esfuerzos por
10. ein Lied singen > cantar una _____________
11. ein solcher Mensch / solch ein Mensch > una _____________ así / como ésa
12. hin und her > de acá para _______
13. eine Versammlung abhalten > celebrar una _____________
14. einen Kurs besuchen / an einem Kurs teilnehmen > _____________ a un curso
15. im Monat Mai > en el _____ de mayo / en mayo
16. in der Mitte > en el _________
17. Er ist zwanzig Jahre jünger als ich. > Él es veinte años _________ / tiene veinte años menos que yo.
18. Es geht mir schlecht. > Me siento mal. / _________ mal.
19. Es sieht nach Regen aus. > Parece _____ va a llover.
20. rückwärts fahren > ir _________ atrás / ir marcha atrás

Was passt links und rechts zusammen?

1.	pared	dedo
2.	mano	frutero
3.	raqueta	bombilla
4.	lámpara	pelota de tenis
5.	plátano	papel pintado

a.	traje	azúcar
b.	ordenador	página
c.	pelota	corbata
d.	libro	ratón (mouse)
e.	café	gol

I.	Berlín	agua
II.	tiempo	corcho
III.	noche	oscuridad
IV.	sed	ciudad
V.	botella	nieve

A.	árbol	pie
B.	televisión	regla
C.	pan	rebanada
D.	pierna	programa
E.	gramática	rama

TEST 14 Finden Sie die logische Entsprechung.

agua árabe arquitectura aspiradora Brasil cabeza coche equipo estrofa foto gasolina hígado Indonesia llegada ~~lluvia~~ mejicano nata seco universo ver

1. sandalias : sol = botas : lluvia
2. despegue : salida = aterrizaje : ________________
3. Brasil : brasileño = Méjico : ________________
4. selva : húmeda = desierto : ________________
5. hombre : comida = motor : ________________
6. músico : orquesta = futbolista : ________________
7. calcetín : pie = gorro : ________________
8. micrófono : hablar = lentes de contacto : ________________
9. momento : eternidad = Tierra : ________________
10. dibujar : fotografiar = dibujo : ________________
11. Nueva Delhi : India = Yacarta : ________________
12. Volga : Rusia = Amazonas : ________________
13. Australia : inglés = Egipto : ________________
14. texto: párrafo = canción : ________________
15. expresionismo : pintura = barroco : ________________
16. incendio : fuego = inundación : ________________
17. salchicha : mostaza = fresas : ________________
18. fuego : extintor = polvo : ________________
19. cigarros : pulmón = alcohol : ________________
20. corazón : persona = motor : ________________

Setzen Sie ein.

TEST 15

Acepta	beber	consejo	en	envío	~~equivocado~~	es	fue
limón	mediano	nació	pagar	precios	previsión	prisa	
radio	su	tardes	tú	ver			

1. Falsch verbunden! > ¡Número equivocado!
2. Darf ich das Zimmer sehen? > ¿Puedo _____ la habitación?
3. Was trinken Sie? > ¿Qué quiere usted ______? / ¿Qué toma usted?
4. Ich möchte Salat mit Öl und Zitrone angemacht. > Me gustaría tomar una ensalada con aceite y _________.
5. Schnell! / Beeilen Sie sich! > ¡Dése _________! / ¡Rápido!
6. Vertrauen haben zu > tener confianza ____
7. Ihre Sendung haben wir empfangen / erhalten. > Hemos recibido su _________.
8. wider Erwarten > contra toda _________________
9. Die Preise verstehen sich ohne Verpackung. > Los _____ no incluyen el embalaje.
10. Wie hoch ist die erlaubte Höchstgeschwindigkeit? > ¿Cuál ____ la velocidad máxima permitida?
11. Wir haben Ihre Reklamation erhalten. > Hemos recibido ____ reclamación.
12. Bist du's? > ¿Eres ____?
13. Akzeptieren Sie eine Kreditkarte? > ¿______ tarjeta de crédito?
14. Alles war umsonst. > Todo _____ inútil.
15. Wo sind Sie geboren? > ¿Dónde _________ usted?
16. Könnten wir einen mittelgroßen Hund mitbringen? > ¿Podríamos llevar un perro de tamaño _____________?
17. Höre auf seinen Rat! > ¡Sigue su _____________!
18. Stell das Radio an! > ¡Pon la _________!
19. Muss ich an der Kasse zahlen? > ¿Tengo que ________ en la caja?
20. Guten Abend! > ¡Buenas ___________!

TEST 16 **Was passt zusammen? Bilden Sie Sprichwörter oder Redensarten.**

1. A Dios rogando	a) bonito le parece.
2. A palabras necias,	b) buena cara.
3. A quien Dios no le da hijos,	c) Dios le ayuda.
4. Quien a feo ama,	d) el diablo le da sobrinos.
5. Al que madruga,	e) ganancia de pescadores.
6. A río revuelto,	f) haz lo que vieres.
7. Agua pasada	g) no mueve molino.
8. Al mal tiempo,	h) oídos sordos.
9. Cuando el río suena,	i) agua lleva.
10. Dime de qué presumes	j) y con el mazo dando.
11. Donde fueres,	k) y te diré de lo qué careces.

Setzen Sie ein.

ciudad del ~~discutible~~ Empieza encender estar gustaría harto lanzar lo palanca parada partida pisos por segundo sienta suelo Vale zapatos

1. Darüber lässt sich streiten. > Ésta es una cuestión discutible.
2. Das ist keine Kunst. > No es nada ______ otro mundo.
3. ich bin es leid / ich habe genug davon > estoy ________ / cansado de
4. ich möchte gern wissen > me ______________ saber
5. den Griff ziehen > tirar de la ____________
6. Der Zug hält nicht. > El tren no tiene __________.
7. geschieht ihm recht > ____ tiene bien merecido
8. die Schuhe putzen > limpiar los ____________
9. Dieser Anzug sitzt gut. > Este traje __________ bien.
10. ein Spiel spielen > jugar una ____________ / a un juego
11. ein zweistöckiges Haus > una casa de dos _________
12. eine Zigarre anzünden > _________ un puro
13. einen Stein werfen auf > __________ una piedra a
14. im zweiten Stock wohnen > vivir en el ____________ piso
15. in die Stadt gehen > ir a la __________
16. Er scheint krank zu sein. / Er sieht krank aus. > Tiene aspecto de _________ enfermo. / Parece estar enfermo.
17. Es ist der Mühe wert. > _______ la pena.
18. Es wird kalt. > ____________ a hacer frío.
19. auf dem Boden > en el _________
20. aus Liebe heiraten > casarse _____ amor

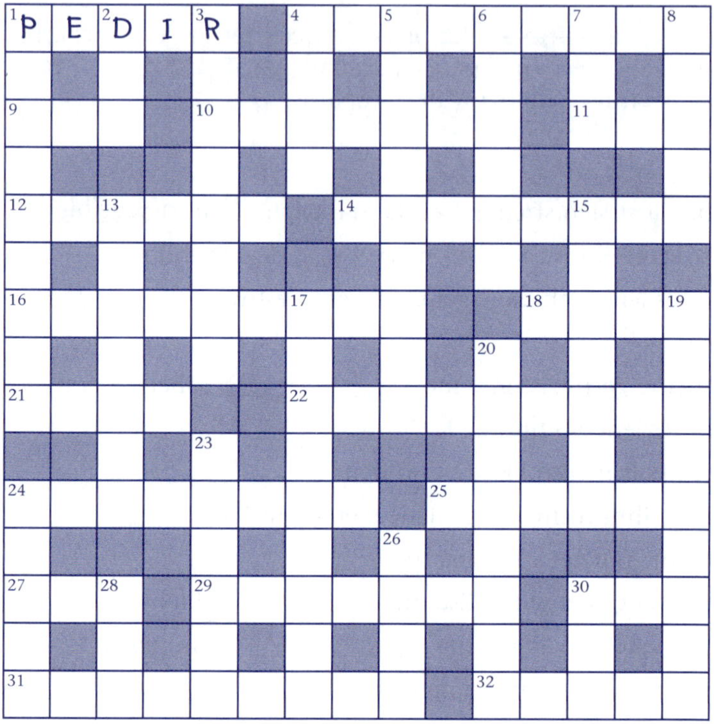

WAAGERECHT

1 ¡No me tienes que p**** perdón! ¡No ha sido tu culpa!

4 ¿En qué d******** está el centro de la ciudad?

9 Tráigame un café c** leche, por favor.

10 Tienes que intentar no c****** errores.

11 ¿Podría hablar con Teresa, por favor? –Lo siento, a** no ha llegado.

12 Marta e***** cada día a su hijo a la salida del colegio.

14 El sustantivo correspondiente al verbo 'ganar' es 'g*******'.

16 La c******** que va por la costa tiene muchas curvas.

18 Cuando tengo tiempo, me encanta l*** novelas policíacas.

21 Después de veinticinco años de matrimonio, se a*** como el primer día.

22 Tenemos muchos p******** de futuro, pero poco dinero.

24 ¿Qué te gusta más, el té o el café? –Me gustan las dos cosas, pero p******* el café.

25 El medicamento puede c***** efectos secundarios.

27 ¡N** veremos a la vuelta! ¡Buen viaje!

29 Tráigame un agua m******, por favor.

30 El d** que vengas, iremos al cine.

31 He r******** un billete de avión para Londres.

32 ¿Me das un s**** de tu cerveza? ¡Tengo mucha sed!

SENKRECHT

1 Para trabajar con niños hay que tener mucha p********.

2 Los niños d** mucho trabajo.

3 El verbo correspondiente al sustantivo 'recorrido' es 'r*******'.

4 Por favor, d*** dos botellas de leche.

5 Ha r******** el viaje por cuestiones de salud.

6 El verbo correspondiente al sustantivo 'carga' es 'c*****'.

7 La i** es lo contrario de la vuelta o el regreso.

8 No había visto n**** un pájaro como éste.

13 ¡P****** bien en la escuela! Si te portas mal, no iremos al parque.

15 Hay c****** cuestiones de las que no quiere hablar.

17 Tiene la e******** de encontrar pronto un trabajo.

19 Tiene fiebre, dolor de cabeza y mucha tos: está r********.

20 Sé lo que ha ocurrido, pero no conozco los d*******.

23 'F***** una película' significa 'rodar una película'.

24 Tienes que p**** los libros sobre la mesa.

26 Soy ateo: no c*** en Dios.

28 Mañana vendrán los Martínez con s** hijos.

30 Os tengo que d** una mala noticia.

TEST 19 Welches Wort passt nicht in die Reihe?

1. ping-pong - balonvolea - ~~equitación~~ - water-polo
2. aperitivo - merienda - primer plato - postre
3. fiambre - jamón - tocino - mariscos
4. cigüeña - avestruz - papagayo - ardilla
5. aries - virgo - horóscopo - tauro
6. riñón - hígado - lengua - corazón
7. estilo arquitectónico - barroco - gótico - románico
8. peso - tamaño - temperatura - metro
9. juez - fiscal - testigo - juicio
10. tulipán - clavel - rosa - árbol
11. dólar - rublo - euro - pfennig
12. escarabajo - delfín - tiburón - sardina
13. bolígrafo - pluma - lapicero - rotulador
14. Granada - Toledo - Galicia - Segovia
15. chocolate - caramelo - bombón - pizza
16. cereales - avena - trigo - cebada
17. alfil - campesino - rey - ajedrez
18. círculo - rectangular - cuadrado - triángulo
19. ajedrez - molino - damas - parchís
20. arco iris - estrella - piedra - sol

Setzen Sie ein.

agradable alemán amantes atractivo ciudades considerado ~~de~~ e el está fue fundada habla la más Méjico nuevas Península planeta por promedio tiene

República de Cuba

Como en la mayoría de (1) los países del Centro y el Sur de América, en Cuba también se ______ (2) español. Cuba ______ (3) colonizada por España, que la convirtió en centro de reunión de su flota marítima y base de apoyo para la realización de ________(4) conquistas. Por su ubicación geográfica entre las Américas y a la entrada del Golfo de ________ (5) , fue llamada la "Llave del Golfo". Sus vecinos ______ (6) próximos son: a 180 Km hacia el Norte, la ________ (7) de Florida; a 140 Km hacia _____ (8) Sur, la isla de Jamaica; al Este, a sólo 77 Km, Haití, y al Oeste, a 210 Km, Méjico. Cuba ________ (9) una extensión de 110 922 Km^2 y ________ (10) constituida por el mayor archipiélago de las Antillas Mayores, formado por las ínsulas de Cuba ________ (11) Isla de la Juventud, así como por 4 196 cayos e islotes. La capital de Cuba es La Habana, ciudad ________ (12) en 1519 cuyo centro histórico fue declarado Patrimonio de ________ (13) Humanidad por sus abundantes y preservados tesoros culturales. Otras ________ (14) importantes son Santiago de Cuba, Santa Clara, Cienfuegos, Camagüey y Trinidad, también declarada ________ (15) la UNESCO, al igual que La Habana, Patrimonio de la Humanidad. Cuba cuenta con un clima tropical sano y ________ (16), un eterno verano con 330 días de sol de ________ (17) anual. Posee más de 289 playas y la segunda barrera coralina en importancia del planeta. Para los ________ (18) de la naturaleza, este territorio tiene un ________ (19) especial, pues pueden encontrar allí uno de los sitios con mayor diversidad biológica del ________ (20). Estos tesoros naturales fueron altamente valorados por el sabio ________ (21) Alexander von Humboldt, que es ________ (22) el segundo descubridor de Cuba.

TEST 21 Setzen Sie ein.

andando aperitivo consejo hagas hasta invitados lágrimas lave líneas pelo Perdone placer quemar servicio severo tomado trabajo ~~verdura~~ viene vuelta

1. Haben Sie gekochtes Gemüse? > ¿Tiene usted verdura ________ cocida?
2. nächstes Jahr > el año que ________
3. Gäste / Besuch haben > tener ________ / visita
4. Papier verbrennen > ________ papel
5. Dass ich nicht lache! > ¡No me ________ reír!
6. Ich habe Medikamente genommen. > He ________ medicamentos.
7. Ich möchte einen alkoholfreien Aperitif. > Me gustaría tomar un ________ sin alcohol.
8. Schreiben Sie ein paar Zeilen. > Escriba unas ________.
9. jemanden um Rat fragen > pedir ________ a una persona
10. Verzeihen Sie! / Verzeihung! > ¡________! / ¡Disculpe! / ¡Dispense!
11. sich die Haare schneiden lassen > cortarse el ________
12. Sie müssen umkehren. > Tiene que dar la ________
13. Dieses Angebot gilt verbindlich bis zum ... . > Esta oferta tiene vigencia ________ el ... .
14. mit Tränen in den Augen > con ________ en los ojos
15. Bitte reinigen Sie diese Kleidungsstücke. > Por favor, ________ estas prendas de vestir.
16. von Herzen gern / herzlich gern > con muchísimo ________
17. Arbeit / eine Stelle suchen > buscar ________
18. Ist die Bedienung inbegriffen? > ¿Está incluido el ________?
19. streng sein zu > ser ________ con
20. zu Fuß gehen > ir a pie / ir ________

Finden Sie die logische Entsprechung, indem Sie die Buchstaben in die richtige Reihenfolge setzen.

1. viñador : vino = cervecero : [ezvraec] cerveza
2. luz : interruptor = vela : [ilelacr] ______________
3. física : físico = química : [mcuíiqo] ______________
4. Nigeria : África = Vietnam : [saAi] ______________
5. pomelo : amargo = vinagre : [dcioá] ______________
6. trigo : cereales = melocotón : [trfau] ______________
7. segundo : minuto = hora : [ída] ______________
8. árbol : hojas = libro : [áaisgnp] ______________
9. Buda : budismo = Cristo : [inossrtimcia] ______________
10. secadora : secar = plancha : [nhlrapca] ______________
11. quiosco : periódicos = librería : [srilob] ______________
12. ruidoso : silencioso = alto : [oajb] ______________
13. Roma : Italia = Viena : [tuisAra] ______________
14. tigre : gato = lobo : [repro] ______________
15. enero : año = lunes : [eaamns] ______________
16. muchacha : muchacho = hermana : [mneohar] ______________
17. dedo : anillo = cuello : [rolalc] ______________
18. pepino : verde = tomate : [oorj] ______________
19. fractura : traumatólogo = dolor de muelas : [etsadnit] __________
20. Ártico : Norte = Antártico : [uSr] ______________

TEST 23 Was passt links und rechts zusammen?

1.	mentón	copa
2.	iglesia	trueno
3.	rayo	Papa
4.	vino	gasolina
5.	automóvil	barba

a.	camisa	nube
b.	deporte	melodía
c.	cielo	cuello
d.	música	Olimpíada
e.	cruce	semáforo

I.	árbol	efecto
II.	cara	nariz
III.	pregunta	madera
IV.	juez	sentencia
V.	causa	respuesta

A.	calefacción	elecciones
B.	libro	autor
C.	dinero	monedero
D.	vivienda	calor
E.	partidos	alquiler

Setzen Sie ein.

broma camino dar de declaración día dolor duele estar ~~facturar~~ favorable ganar lo mucho muy permitida ponerse quieres quitarse tarde

1. das Gepäck aufgeben > facturar el equipaje
2. Das ist nett von dir. > Eres ______ amable.
3. Was willst du eigentlich? > ¿Qué ______________ en realidad?
4. den Hut aufsetzen > ______________ el sombrero
5. der richtige Weg nach > el ____________ correcto hacia
6. die Strümpfe ausziehen > ________________ las medias
7. Wie hoch ist die erlaubte Höchstgeschwindigkeit? > ¿Cuál es la velocidad máxima __________________?
8. ein Vermögen verdienen > __________ una fortuna
9. eine Erklärung abgeben > emitir una ______________________
10. eine günstige Gelegenheit > una oportunidad __________________ / una buena oportunidad
11. einen guten Rat geben > ______ un buen consejo
12. Wir haben Schokoladentorte. > Tenemos tarta ____ chocolate.
13. am Abend > por la __________ / por la noche
14. Wo tut es Ihnen weh? > ¿Dónde le __________?
15. Er tut sein Bestes. > Él hace todo __________ que puede.
16. drei Mahlzeiten am Tag > tres comidas al ______
17. es ist lange her / vor langer Zeit > hace __________ tiempo
18. etwas gegen Bauchweh > algo contra el _________de estómago
19. auf dem Laufenden sein > __________ al corriente
20. aus Spaß / zum Spaß > en __________ / para divertirse

TEST 25 Finden Sie die logische Entsprechung.

acabar apagar arroz aspirina azul botón crítica frío miedo monje ~~muerte~~ obediencia panadero primavera quemarse sello seta silla tren vela

1. inicio : final = nacimiento : muerte
2. capitán : marinero = orden : __________________
3. nieve : invierno = flores : __________________
4. fractura : yeso = dolor de cabeza : __________________
5. elogiar : criticar = elogio : __________________
6. ventilador : calor = abrigo : __________________
7. lechuga : verdura = champiñón : __________________
8. carne : carnicero = pan : __________________
9. grifo : cerrar = televisor : __________________
10. valiente : miedoso = valor : __________________
11. zapato : cordón = camisa : __________________
12. prado : verde = agua : __________________
13. mujer : hombre = monja : __________________
14. salida : meta = comenzar : __________________
15. Italia : espaguetis = Asia : __________________
16. firmar : firma = sellar : __________________
17. agua : fuego = ahogarse : __________________
18. camarero : restaurante = revisor : __________________
19. sofá : sillón = banco : __________________
20. casa : cabaña = lámpara : __________________

Finden Sie waagerecht oder senkrecht 32 Länder.

C	**R**	**O**	**A**	**C**	**I**	**A**	M	M	I	S	L	A	N	D	I	A
H	O	L	A	N	D	A	P	B	U	L	G	A	R	I	A	Y
R	P	O	L	O	N	I	A	R	U	M	A	N	I	A	B	D
S	W	P	W	Q	X	E	S	L	O	V	A	Q	U	I	A	I
U	G	L	I	E	C	H	T	E	N	S	T	E	I	N	F	A
E	L	K	N	E	D	E	L	X	E	L	N	I	B	P	I	L
C	H	I	P	R	E	S	P	N	S	U	O	R	É	U	N	B
I	Y	U	G	O	S	L	A	V	I	A	R	L	L	L	L	A
A	G	B	C	O	H	O	H	S	B	A	U	A	G	U	A	N
C	R	O	H	Y	U	V	Z	O	D	K	E	N	I	X	N	I
D	E	S	E	B	N	E	P	W	B	Q	G	D	C	E	D	A
D	C	N	Q	W	G	N	R	U	S	I	A	A	A	M	I	E
C	I	I	U	L	R	I	F	R	A	N	C	I	A	B	A	S
J	A	A	I	Z	Í	A	L	E	M	A	N	I	A	U	N	P
D	I	N	A	M	A	R	C	A	R	A	U	S	T	R	I	A
J	P	O	R	T	U	G	A	L	S	U	I	Z	A	G	N	Ñ
I	T	A	L	I	A	T	U	R	Q	U	Í	A	K	O	W	A

TEST 27 Kreuzworträtsel

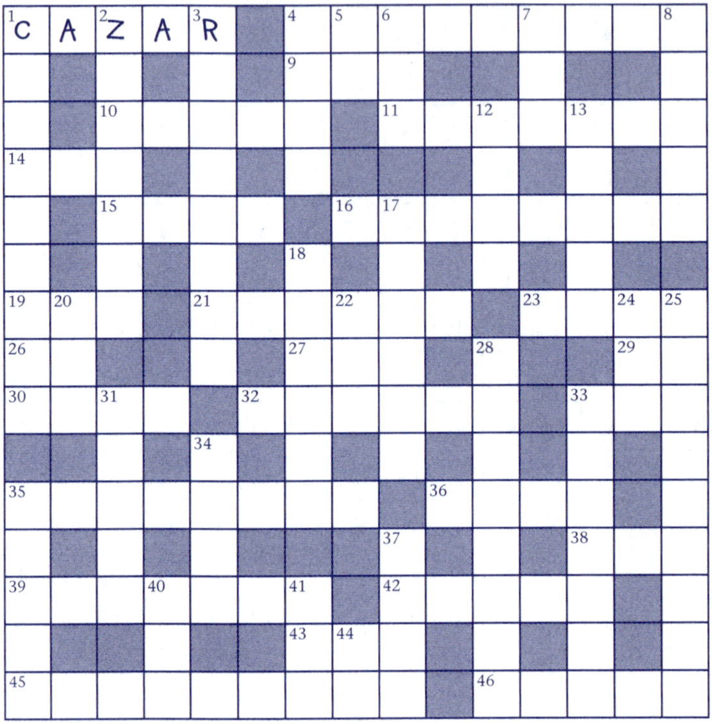

WAAGERECHT

1 El verbo correspondiente al sustantivo 'caza' es 'c****'.

4 La velocidad máxima p******** es de ciento veinte kilómetros por hora.

9 ¿A qué hora vendrás? –A la u**.

10 El camino es estrecho, no se puede p****.

11 'Suposición' es el sustantivo correspondiente al verbo 's******'.

14 ¿Qué d** es tu cumpleaños? –El 29 de enero.

15 El contrario de 'antes' es 't***'.

16 Buenos días, d******* hablar con el doctor López.

19 ¿L** has dicho a tus padres que iremos?

21 ¿Sabes algo de José? –No, hace mucho t***** que no nos vemos.

23 ¿Cuánto son tres por dos? –S***.

26 La rosa ** una flor.

27 ¿Has puesto s** y aceite en la ensalada?

29 Le ** miedo la oscuridad.

30 El aire en la costa es muy húmedo, pero aquí es más s***.

32 Para viajar ponemos nuestras cosas en una m*****.

33 ¡Ve a la panadería y compra dos barras de p**!

35 El verbo correspondiente al sustantivo 'soporte' es 's*******'.

36 Si no te agarras fuerte, te vas a c***.

38 ¿Me llamas desde Madrid? ¿Qué tiempo hace por a**?

39 No puede venir por r****** personales.

42 'Echar' es un sinónimo de 't****'.

43 E** chica que va por ahí es Carmen.

45 El verbo correspondiente al sustantivo 'empredendor' es 'e********'.

46 Arriba está el techo y abajo, el s****.

SENKRECHT

1 El plural de 'cordial' es 'c********'.

2 En la cabeza nos ponemos el sombrero y en los pies, los z******.

3 De 'amar' se deriva 'amante', de 'restar' se deriva 'r*******'.

4 El masculino de 'pura' es 'p***'.

5 Voy al trabajo ** autobús.

6 El coche pasó al r** de los peatones.

7 El hermano de mi padre es mi t**.

8 El femenino de 'agrio' es 'a****'.

12 Cuando tomamos el sol, debemos protegernos la p***.

13 El contrario del Sur es el N****.

17 Un e***** es un puesto de trabajo.

18 Cuando una cosa pesa mucho decimos que es p*****.

20 E** chico de ahí me gusta mucho.

22 Cuando estamos enfermos nos encontramos m**.

24 El contrario de la vuelta es la i**.

25 'S********' significa 'referente a la sangre'.

28 Las p******* están formadas por letras.

31 'Tener capacidad' significa 'ser c****'.

33 'Detenerse' es un sinónimo de 'p******'.

34 No es lo mismo un hombre grande que un g*** hombre.

35 Dígame si puedo s**** útil de alguna forma.

37 'Ligar' es un sinónimo de 'a***'.

40 Tenemos los ojos para ver y los oídos para o**.

41 Si tienes s**, bebe un poco de agua.

44 Aquí no ** puede fumar.

Finden Sie die logische Entsprechung.

~~abrelatas~~ adelgazar adobo agradecimiento agua aleta ataque besar correa despertarse Egipto jardín melodía permiso poeta rechazar sobre sótano Tierra zapatos

1. nuez : cascanueces = lata : abrelatas
2. astronomía : universo = geografía : ________
3. gordo : delgado = engordar : ________
4. defender : atacar = defensa : ________
5. rogar : agradecer = ruego : ________
6. desierto : arena = mar : ________
7. regalo : envoltorio = carta : ________
8. relojero : relojes = zapatero : ________
9. ancla : cadena = perro : ________
10. pájaro : ala = pez : ________
11. cocinero : cocina = jardinero : ________
12. ensalada : aliño = asado : ________
13. techo : suelo = desván : ________
14. palabra : frase = nota musical : ________
15. empezar : acabar = dormirse : ________
16. afirmar : negar = aceptar : ________
17. prohibir : permitir = prohibición : ________
18. pieza musical : compositor = poema : ________
19. manos : acariciar = labios : ________
20. Rin : Alemania = Nilo : ________

TEST 29 Welches Wort passt nicht in die Reihe?

1. lamer - mascar - chupar - ~~aprender~~
2. profesor - torre - fuente - monumento
3. volante - espejo retrovisor - semáforo - cinturón de seguridad
4. lápiz labial - papel - pasta dentífrica - perfume
5. león - nariz - rinoceronte - hipopótamo
6. nuca - médico - espalda - trasero
7. niebla - sol - lluvia - tempestad
8. nueces - vecino - naranjas - melocotones
9. aparcamiento - panadería - carnicería - óptica
10. ciruelas - tráfico - racimo de uvas - limones
11. agencia de viajes - torre - sastrería - zapatería
12. correr - saltar - ir - estar
13. espalda - codo - pecho - cuerpo
14. calcetines - bota - panty - sillón
15. quiosco - parada de taxis - cabina telefónica - sopa
16. espinacas - tomates - revista - cebollas
17. tranvía - destornillador - alicates - metro plegable
18. plato - taza - sopera - vajilla
19. helada - calor - tiempo - frío
20. esquí acuático - salto de longitud - surf - vela

Setzen Sie ein.

alemán apretar callar calle cama ~~camisa~~ cinco Disculpe En encontrar feliz máquina podría presente punto realidad recibido siete su tiempo

1. das Hemd ausziehen > quitarse la camisa
2. Das ist nicht seine starke Seite. > No es ____ fuerte.
3. Was willst du eigentlich? > ¿Qué quieres en ______________?
4. Schlag 3 Uhr > a las 3 en ________
5. den Mund halten > ________________ / callarse la boca
6. Verzeihen Sie! / Verzeihung! > ¡Perdone! / ¡______________! / ¡Dispense!
7. deutsches Erzeugnis > producto ___________
8. Ihr Schreiben haben wir erhalten. > Por la ______________ acusamos recibo de su carta.
9. Die Uhr geht fünf Minuten nach. > El reloj va _________ minutos atrasado.
10. Wie ist das Wetter heute? > ¿Qué ___________ hace hoy?
11. ein freudiges Ereignis > un acontecimiento _________
12. Wir haben heute Ihre Sendung erhalten. > Hoy hemos ______________ su envío.
13. Mittel und Wege finden > ________________ los medios para
14. am Ende der Straße > al final de la _________
15. Können Sie mir sagen, wo das Konsulat ist? > ¿Me ___________ decir dónde está el consulado?
16. Womit kann ich dienen? > ¿____ qué puedo servirle?
17. drei und vier ist gleich sieben > tres más cuatro son _________
18. Steckdose für den Rasierapparat > enchufe para la _____________ de afeitar
19. auf den Knopf drücken > ____________ el botón
20. aus dem Bett springen > saltar de la _______

TEST 31 Bringen Sie die Buchstaben in die richtige Reihenfolge. Wie heißt das Gegenteil (Antonym)?

1. el silencio : el [udroi] ruido
2. la fertilidad : la [neltddiifiar] ________________
3. la mayoría : la [ioírnma] ________________
4. la imperfección : la [cnefirócpe] ________________
5. la madre : la [iajh] ________________
6. el día : la [ohenc] ________________
7. la ventaja : la [anveatejds] ________________
8. la sobrina : la [íat] ________________
9. el norte : el [usr] ________________
10. el hijo : el [ardep] ________________
11. el orden : el [odendesr] ________________
12. el oeste : el [seet] ________________
13. la sombra : la [ulz] ________________
14. el suegro : el [enyro] ________________
15. la sensatez : la [znsetsenia] ________________
16. el verano : el [noireivn] ________________
17. la partida : la [eatm] ________________
18. la culpabilidad : la [eniocanci] ________________
19. la compra : la [tenav] ________________
20. el rechazo : la [acnpióteca] ________________

Finden Sie die logische Entsprechung.

Bulgaria calzada cáscara chocolate día escuchar España frontera joyería leche luz ~~manillar~~ muerto pacientes puente Rumania tarde temperatura trabajar ver

1. coche : volante = bicicleta : manillar
2. caminar : acera = conducir : ____________________
3. Oslo : Noruega = Bucarest : ____________________
4. abeja : miel = vaca : ____________________
5. oso : piel = plátano : ____________________
6. jardín : cerca = país : ____________________
7. trueno : sonido = relámpago : ____________________
8. clínica : enfermo = cementerio : ____________________
9. reloj : tiempo = termómetro : ____________________
10. profesor : alumnos = médico : ____________________
11. universidad : estudiar = fábrica : ____________________
12. bastón : caminar = gafas : ____________________
13. luna : noche = sol : ____________________
14. periódico : leer = música : ____________________
15. medicamento : farmacia = joyas : ____________________
16. montaña : túnel = río : ____________________
17. Ankara : Turquía = Sofía : ____________________
18. harina : pan = cacao : ____________________
19. primavera : otoño = mañana : ____________________
20. Estocolmo : Suecia = Madrid : ____________________

TEST 33 Setzen Sie ein.

agua aman cantidad cincuenta claro comparación ~~comprendido~~ costumbre deudas fácil habitación hogar llamo llorar llorar pases puntual recién serio Trabaja

1. Ich habe es nicht verstanden. > No lo he comprendido.
2. heftig weinen > ___________ amargamente
3. mein Name ist ... > me _________ ... / mi nombre es ...
4. seine Schulden bezahlen > pagar sus ___________
5. verglichen mit > en ____________________ con
6. fern der Heimat > lejos de la patria / del _____
7. wie gewöhnlich / wie sonst > como de _________________
8. sie lieben sich > se quieren / se _______
9. eine Menge von > una gran _____________ / un gran número de
10. eine leichte Arbeit > un trabajo _________
11. mit / im Alter von fünfzig Jahren > a la edad de _________________ años
12. Bitte den Schlüssel für Zimmer ... . > Déme la llave de la ___________________ ... por favor.
13. Alles Gute! / Mach's gut! / Viel Glück! > ¡Que lo _________ bien! / ¡Que te vaya bien!
14. im Ernst > en _________
15. in Tränen ausbrechen > romper a ___________
16. ins Wasser springen > tirarse al _______
17. Er arbeitet den ganzen Tag. > _____________ todo el día.
18. erst gestern > ___________ ayer / hasta ayer no
19. es ist selbstverständlich, dass > está _________ que / se sobreentiende que
20. pünktlich sein > estar a la hora / ser _____________

Finden Sie die logische Entsprechung.

boca caja cardenal claridad corbata cosechar Centroamérica discurso escopeta florero fumar hojas iglesia importar incertidumbre paz ~~pisada~~ tenedor tiritar vídeos

1. golpear : golpe = caminar : pisada
2. sombras : oscuridad = luz : ____________
3. afirmación : certeza = suposición : ____________
4. sopa : cuchara = patata : ____________
5. actor : teatro = sacerdote : ____________
6. café : granos = té : ____________
7. exportación : exportar = importación : ____________
8. chocolate : tableta = bombón : ____________
9. peligro : seguridad = guerra : ____________
10. perro : hocico = hombres : ____________
11. mujer : pañuelo de cuello = hombre : ____________
12. licor : beber = tabaco : ____________
13. pescador : red = cazador : ____________
14. Suecia : Escandinavia = Panamá : ____________
15. coche : abolladura = hombre : ____________
16. sacerdote : sermón = político : ____________
17. revistas : revistero = flores : ____________
18. calor : sudar = frío : ____________
19. biblioteca : libros = videoteca : ____________
20. primavera : sembrar = otoño : ____________

WAAGERECHT

1 Que yo planche, que tú planches, que él p*****.

6 Esta ley ya no está en v**** en este país.

8 ¿A qué hora a**** las tiendas aquí? –A las nueve.

9 El sustantivo correspondiente al verbo ‘esperar’ es ‘e********’.

11 Cuando disminuye la luz del sol decimos que o*******.

12 Miguel está en el hospital, p***** del corazón.

14 El singular de ‘palos’ es ‘p***’.

15 ¿Se marchó ya María de España? –Sí, se fue el jueves p*****.

17 Escriba el lugar y el d** de su nacimiento.

19 Todos l** jueves voy al gimnasio.

20 ¡No me tienes que d** las gracias por nada!

21 Al coche le fallaron los f***** y chocó contra un árbol.
22 Para encender fuego en la montaña se necesita l***.
24 Pedro está enfermo y hemos llamado al m*****.
26 Hemos d******* el pastel en cuatro partes.
29 Llegó el martes y al día s******** se marchó.
30 Un camino que no tiene curvas es r****.
31 Roberto lo aprende todo en seguida, es un niño muy l****.
32 Un hombre que tiene ansia está a******.

SENKRECHT

1 Tu calle no aparece en el p**** de la ciudad.
2 La parte de un teléfono que nos ponemos en el oído es el a********.
3 ¿Cómo podemos ir al c***** de la ciudad?
4 Los aspectos relativos a la esencia de una cosa son e*********.
5 Después de la cena nos ofrecieron una c*** de coñac.
6 Quesos de diferentes tipos son quesos v*******.
7 En la distoceca ya no cabía nadie más, estaba llena de g****.
10 Una persona que le tiene mucho apego a algo o a alguien está muy a******.
13 Se está agotando la gasolina, tendremos que buscar una g*********.
14 Ellos pueden permitirse ese lujo, pero nosotros no p******.
16 Los meses del año s** doce.
17 Un año y medio son d******** meses.
18 ¿Pagará con tarjeta o en e*******?
23 La próxima semana me voy a Inglaterra, necesito l***** esterlinas.
25 ¡Cállate! ¡No me d**** nada!
27 En o**** los árboles pierden las hojas.
28 ¿Cuántas personas había en la cena? – U*** diez o doce.

TEST 36 Finden Sie waagerecht oder senkrecht 12 Farben.

S	X	**B**	**L**	**A**	**N**	**C**	**O**	A	J	S
A	U	S	U	J	W	B	R	L	H	T
L	R	J	D	Q	T	A	C	I	Z	Z
M	M	A	M	A	R	I	L	L	O	F
Ó	A	G	N	V	M	H	G	A	P	X
N	R	R	A	E	M	J	V	D	C	W
E	R	I	R	R	R	O	J	O	R	Q
G	Ó	S	A	D	G	C	Z	I	O	E
R	N	P	N	E	A	Z	U	L	S	Z
O	M	B	J	J	Z	W	G	Y	A	P
E	P	J	A	Y	O	G	C	Q	Y	B

Wie heißt das Gegenteil (Antonym) der Verben?

acertar acortar afirmar alejarse amar atrasar buscar comer ~~encoger~~ enriquecer entretener ignorar inmigrar irse levantarse levantarse llenar prohibir retroceder vender

1. estirar : encoger
2. alargar : ____________
3. negar : ____________
4. quedarse : ____________
5. sentarse : ____________
6. acercarse : ____________
7. saber : ____________
8. comprar : ____________
9. errar : ____________
10. adelantar : ____________
11. ayunar : ____________
12. odiar : ____________
13. permitir : ____________
14. aburrir : ____________
15. caerse : ____________
16. emigrar : ____________
17. empobrecer : ____________
18. encontrar : ____________
19. vaciar : ____________
20. avanzar : ____________

TEST 38 Welches Wort passt nicht in die Reihe?

1. ~~antipático~~ - generoso - servicial - cortés
2. lima - martillo - cepillo - sombrero
3. cinturón - pantalón - tirantes - sombrero
4. granizo - lluvia - nieve - viento
5. pato - burro - prisa - ganso
6. balde - olla - césped - jarra
7. hockey sobre hielo - rincón - patinaje artístico - esgrima
8. nieta - manta - prima - bisabuela
9. hablar - susurrar - llamar - bostezar
10. higos - cerezas - kiwis - niños
11. zapato - sandalia - bufanda - bota
12. televisor - cortina - calefacción - cielo
13. botella - ópera - comisaría de policía - garaje
14. mosca - mosquito - cabra - abeja
15. visitar - roncar - cantar - reír
16. parrilla - microondas - azucarero - quemadores
17. cacao - aguardiente - limonada - leche
18. chaqueta - televisor - blusa - pañuelo de cabeza
19. bodega - almacén - cigarrillo - sótano
20. almendras - mangos - melones - máquinas

Setzen Sie ein.

TEST 39

amable atravesar ~~cabo~~ calor cambiado decidido echar escapar espalda Estados humor importa largo medio mismo pelea regla solo urgente viaje

1. nach einer Weile > al cabo de un rato
2. ganz allein > completamente ________
3. Das ist sehr freundlich von Ihnen. > Es muy ____________ de su parte.
4. Ich habe mich entschlossen. > Me he ____________.
5. schlechter Stimmung sein > estar de mal __________
6. jemandem den Rücken kehren > volver la ______________ a una persona
7. den Streit beilegen > arreglar la disputa / la __________
8. heute schon > hoy __________
9. die Flucht ergreifen > huir / _______________
10. die Vereinigten Staaten > los ______________ Unidos
11. ein halbes Jahr > __________ año
12. eine Reise machen > hacer un __________
13. einen Blick werfen auf > __________ una mirada a
14. mir ist warm / heiß > tengo __________
15. im Laufe dieser Woche > a lo __________ de esta semana / en el transcurso de esta semana
16. in der Regel > por __________ general
17. Er hat sich sehr verändert. > Ha __________ mucho.
18. es eilt > corre prisa / es ______________
19. es liegt mir am Herzen > me ______________ mucho
20. durch einen Fluss schwimmen > __________________ nadando un río

TEST 40 Stimmt das?

1. La Luna es mayor que el Sol. Falso
2. La sangría es un plato típico de la cocina española. _______
3. La civilización azteca se desarrolló en el actual territorio de Méjico. Verdadero
4. El tulipán es un pez. _______
5. El español contiene muchas palabras de origen árabe. _______
6. Andorra se encuentra entre España y Francia. _______
7. Manuel de Falla fue un músico argentino. _______
8. Un glaciar está formado por hielo. _______
9. Una hormiga es un animal grande. _______
10. Cuando hay niebla se ve mal. _______
11. La cordillera de los Andes se extiende a lo largo de la costa este de Sudamérica. _______
12. Pablo Neruda fue un poeta chileno. _______
13. Con acciones de la bolsa de valores se puede ganar dinero. _____
14. El papagayo es un ave. _______
15. En Galicia se habla, además del español, el gallego. _______
16. El combustible Diesel es una bebida agradable. _______
17. Se puede ir a pasear bajo una granizada. _______
18. Para clavar un clavo se necesita un martillo. _______
19. Los trineos sirven para divertirse en verano. _______
20. El lago Titicaca se encuentra en Guatemala. _______

Setzen Sie ein.

al altura capital ciudades configuran continente ~~extremo~~ España fundada habitantes hasta numerosas océano Oeste piratas por Perú que superficie viajero

Colombia

Se encuentra situada en el extremo (1) Noroeste de América del Sur. Limita al Norte con el ________ (2) Atlántico; al Sur, con Ecuador y ________ (3); al Este, con Venezuela y Brasil; al ________ (4), con el océano Pacífico, y ______ (5) Noroeste, con Panamá. Tiene una ________ (6) de 1 138 000 Km^2 y una población de alrededor de 33 millones de ________ (7). Su ________ (8) es Santa Fe de Bogotá. Esta ciudad goza, a 2 600 m de ________ (9), de un excelente clima. Colombia es una tierra misteriosa. Es tierra de café, de cocaína, de guerrilla y, ______ (10) tanto, de violencia. Pero también está llena de ____________ (11) maravillas naturales y arquitectónicas. Posee la geografía más variada del ___________ (12): la selva amazónica, ______ (13) se extiende desde el centro, a los pies de la cordillera oriental de los Andes, ________ (14) las fronteras de Brasil, Venezuela y Perú. Selvas y montañas __________ (15) un escenario natural único.
La costa norteña reúne los mayores atractivos para el _________ (16) que desea conocer su historia. La ciudad de la costa del Caribe más importante es Cartagena de Indias. Esta ciudad mágica fue __________ (17) en 1533 y fue una de las primeras __________ (18) que tuvo la corona española en América del Sur. Por ser un importante puerto de mar, se convirtió en el punto estratégico donde __________ (19) reunía los tesoros saqueados a los indios para ser enviados a la península. De ahí que fuera objeto de numerosos ataques por parte de _________ (20) y corsarios. Otras ciudades importantes son Medellín, Cali y Barranquilla.

TEST 42 Setzen Sie ein.

acudir adelante Adiós Al alto camino con ~~cuándo~~ izquierda lentes llamar nacimiento ofrecerles otra pinchada Póngame Que remolquen romperse Se

1. Sagen Sie mir, wann ich aussteigen muss. > Indíqueme cuándo debo bajarme.
2. Haltet den Dieb! > ¡____ ladrón!
3. Kann man am Ort Fahrräder anmieten? > ¿____ pueden alquilar bicicletas allí?
4. Was wollen Sie damit sagen? > ¿Qué quiere usted decir ____ esto?
5. Ich habe meine Kontaktlinsen verloren. > He perdido mis __________ de contacto / lentillas.
6. Ich möchte gern telefonieren. > Desearía ________ por teléfono.
7. Geh voraus! > ¡Ve primero! / ¡Pasa ______________!
8. Meine linke Hand blutet. > Me sangra la mano ___________.
9. Der Ersatzreifen hat ein Loch. > La rueda de recambio está ______________.
10. sich den Kopf zerbrechen > ______________ la cabeza
11. Wie komme ich am besten dorthin? > ¿Cuál es el mejor __________ para llegar allí?
12. Viel Spaß! > ¡_____ te diviertas!
13. Ein Stück Torte, bitte. > _______ un trozo de tarta, por favor.
14. Wir können Ihnen einen Nachlass von 10% anbieten. > Podemos _________________ un descuento de un 10 %.
15. Bitte schleppen Sie mein Fahrzeug ab. > Por favor, ___________ mi coche.
16. von Geburt Deutscher > alemán de ____________
17. sonst nichts > ninguna _______ cosa / nada más
18. Sprich lauter! > ¡Habla más _______!
19. zu Hilfe eilen > ___________ en ayuda de una persona
20. Auf Wiedersehen! / Bis bald! > ¡Hasta la vista! / ¡_________!

Finden Sie Adjektive mit ähnlicher Bedeutung (Synonyme). **TEST 43**

aburrido alejado ~~amplio~~ angosto apremiante auténtico árido bobo delgado delicado demente ineficaz lejano obeso obvio plano preciso recto simple sombrío

1. ancho : amplio
2. evidente : ____________
3. gordo : ____________
4. derecho : ____________
5. tonto : ____________
6. urgente : ____________
7. loco : ____________
8. oscuro : ____________
9. flaco : ____________
10. seco : ____________
11. llano : ____________
12. verdadero : ____________
13. sencillo : ____________
14. monótono : ____________
15. frágil : ____________
16. estrecho : ____________
17. distante : ____________
18. apartado : ____________
19. inútil : ____________
20. exacto : ____________

TEST 44 Kreuzworträtsel

WAAGERECHT

1 No creo q** Marcos venga esta noche.

3 Puedo tutear a tu padre o debo hablarle de u****.

7 No s**** de aquí, sólo estamos de paso.

10 S** tan amable de dejarme pasar, por favor.

11 Ramón e**** a trabajar a las nueve de la mañana.

12 El verbo correspondiente al sustantivo 'necesidad' es 'n********'.

13 Mi reloj va diez minutos a*******, ya son las siete.

15 Cuando salgas no te olvides de c***** la puerta con llave.

17 Puedes salir, p*** no vuelvas tarde.

18 Los periódicos hablan de lo que s***** en el mundo.

20 Los niños d** saltos de alegría cuando le ven.

22 Pasen de d** en dos, por favor.

23 E** señor que va por ahí es el maestro de mi hija.

24 Iré en c***** tenga tiempo.
25 Aquel coche no me gusta; é*** es mejor.
27 El pastel ya no está e*****, le falta un pedazo.
29 No me gusta pedir dinero p*******.
32 Juan siempre termina sus cartas mandando c******** saludos.
34 ¡Yo no he d**** ninguna mentira!
35 ¿Tiene tomates? –No, no me queda ni u** solo.
37 El participio del verbo 'atar' es 'a****'.
38 Estos zapatos me hacen daño, prefiero ponerme los o****.
39 Vive en el extranjero, sólo viene tres veces al a**.

SENKRECHT

1 El agua moja y el fuego q****.
2 Pedro ha telefoneado al aeropuerto para e******** de la hora de llegada del vuelo.
3 'U*****' es un sinónimo de 'utilizarse'.
4 ¿** puede fumar aquí? –No, está prohibido.
5 Marisa es t** obstinada como su hermana.
6 No conozco a esta persona, su nombre no me d*** nada.
7 El infinitivo correspondiente al participio 'sostenido' es 's*******'.
8 Mi coche tiene una avería en el m****.
9 Me s******** su actitud. Normalmente no se comporta así.
14 Todo el mundo le ha prestado dinero, tiene d***** con todos.
16 Tiene muy mal gusto para la ropa, no sabe v*****.
17 El contrario de 'ausencia' es 'p********'.
19 Teresa está saliendo c** un chico nuevo.
20 ¿Qué d******** hay entre el pueblo y la casa? –Tres kilómetros.
21 El participio de 'ocurrir' es 'o*******'.
26 En esta librería venden libros nuevos y libros u*****.
28 Me gustan mucho los pasteles, pero especialmente la t**** de frutas.
30 El o**** es la época del año que más me gusta.
31 ¿Quieres a*** más para comer?
33 Toledo está al s** de Madrid.
36 ¿Por qué ** vamos a la playa mañana?

TEST 45 Setzen Sie ein.

~~alcanzar~~ beber borde cinco como correr debilidad depende derecha gripe llevar mayores Nací Podría sentido Todavía tomo torcido va Vaya

1. das Ziel erreichen > alcanzar la meta
2. das kommt darauf an > ____________ de ...
3. ebenso viele wie > tantos ... _______
4. Ich bin 1955 geboren. > _______ en 1955.
5. Ich leihe es von ihm. > Lo _______ prestado de él.
6. Gehen Sie geradeaus. > _______ derecho / todo recto.
7. den Vorhang aufziehen > __________ / subir / levantar la cortina
8. die Grippe haben > tener _________
9. die alten Leute > las personas __________
10. ein krummer Nagel > un clavo ____________
11. eine Schwäche haben für > tener ______________ por
12. einen Hut tragen > __________ un sombrero
13. am Straßenrand > al _________ de la calle
14. im wahrsten Sinne des Wortes > en todo el ____________ de la palabra
15. Er ist noch nicht zurück. > __________ no regresó / ha vuelto.
16. Es geht mir gut. > Me ____ bien. / Estoy bien.
17. Es sind fünf Grad unter Null. > Estamos a _________ grados bajo cero.
18. Würden Sie auch den Ölstand nachprüfen? > ¿__________ usted también comprobar el aceite?
19. auf der rechten Seite > a la ____________ / al lado derecho
20. aus einem Glas trinken > _________ de un vaso

Finden Sie die logische Entsprechung.

alcalde arrogancia arte blanco cocina continente día envidia escoba granja hilo mojar olla ~~pájaro~~ piedra presente pueblo tienda trapo vodka

1. araña : insecto = gaviota : pájaro
2. fuego : quemar = agua : ____________
3. ventana : casa = escaparate : ____________
4. cerca / valla : madera = muro : ____________
5. padres : hijos = gobierno : ____________
6. dientes : cepillo dental = suelo : ____________
7. dormir : dormitorio = cocinar : ____________
8. revista : semana = periódico: ____________
9. empresario : fábrica = agricultor : ____________
10. martillo : clavo = aguja : ____________
11. país : presidente = ciudad : ____________
12. tortilla : sartén = sopa : ____________
13. político : política = artista : ____________
14. provincia : país = país : ____________
15. Francia : coñac = Rusia : ____________
16. celoso : celos = envidioso: ____________
17. ayer : pasado = hoy : ____________
18. café : negro = leche : ____________
19. modesto : arrogante = modestia : ____________
20. zapatos : cepillo = encerado : ____________

TEST 47 Finden Sie Adjektive mit ähnlicher Bedeutung (Synonyme).

agradable atento cauto contento corriente entretenido ~~equivocado~~ feliz gracioso ileso independiente inmóvil íntegro miedoso nervioso patoso repleto sereno sincero verdadero

1. erróneo : equiuvocado
2. libre : ________________
3. amable : ________________
4. simpático : ________________
5. dichoso : ________________
6. alegre : ________________
7. franco : ________________
8. ameno : ________________
9. cómico : ________________
10. temeroso : ________________
11. entero : ________________
12. sano : ________________
13. lleno : ________________
14. torpe : ________________
15. cierto : ________________
16. prudente : ________________
17. quieto : ________________
18. tranquilo : ________________
19. irritado : ________________
20. común : ________________

Setzen Sie ein.

alguien año Atienda Buen conducir cortarse demasiado dirección funcionan gran lento ~~lento~~ litros ningún pedir ser siento taxi tres viajar

1. Langsamer fahren! > ¡Conduzca más lento!
2. Ich möchte dreißig Liter. > Póngame treinta __________.
3. sechs durch zwei ist drei > seis dividido por dos son _______
4. keineswegs / keinesfalls / ganz und gar nicht > no ... de __________ modo
5. Bestellen Sie mir bitte ein Taxi. > Por favor, pídame un _______.
6. sich in den Finger schneiden > ______________ en el dedo
7. nicht viel > no mucho / no _______ cosa
8. Die Bremsen funktionieren nicht richtig. > Los frenos no _______________ bien.
9. Sie dürfen nicht Auto fahren. > No debe ______________.
10. mit dem Bus fahren > ir / _________ en autobús
11. um Verzeihung bitten > _________ perdón
12. Immer langsam! > ¡Poco a poco! / ¡Siempre _________ (am.)!
13. in diese Richtung > por aquí / en esa ________________
14. Noch jemand ohne Fahrschein? > ¿A ____________ más le falta el billete / boleto (am.)?
15. Hören Sie mal zu! > ¡____________ un momento!
16. vor einem Jahr > hace un _____
17. Bringen Sie mir ein nicht zu kaltes Mineralwasser. > Tráigame un agua mineral no ________________ fría.
18. Es tut mir Leid, wir haben keine Zimmer frei. > Lo __________ mucho pero no tenemos habitaciones libres.
19. zum Opfer fallen > _____ víctima de
20. Gute Fahrt! / Schöne Reise! > ¡_______ viaje!

TEST 49 Welches Wort passt nicht in die Reihe?

1. gorra - jersey - falda - ~~escritorio~~
2. armónica - saxófono - tambores - trompeta
3. música - vela - buceo - tenis
4. pegamento - cuchillo - sierra - tijeras
5. papagayo - pingüino - precio - tortuga
6. acera - semáforo - señal de tráfico - alfombra
7. nata - tarta - chocolate - mostaza
8. gallo - gallina - perro - tos
9. sillón - almohada - sofá - beso
10. bonito - áspero - bello - hermoso
11. toser - conocer - mascar - besar
12. comunismo - budismo - islamismo - hinduismo
13. toalla - bicicleta - pañuelo - mantel
14. ternero - cordero - potro - oveja
15. kárate - judo - equitación - boxeo
16. caviar - piano - órgano - bombo
17. carcajear - reír - sonreír - correr
18. cine - ratón - oficina de objetos perdidos - cárcel
19. consulado - hospital - cuenta - cabaré
20. embrague - freno - manillar - acelerador

Setzen Sie die Sätze in die richtige Reihenfolge.

◯ "¡Demonios! En mi vida he pensado en una sopa de fideos."

◯ "A medianoche vaya al cementerio antiguo."

◯ "El tesoro está a algunos metros de profundidad."

◯ "Espere hasta que haya una noche clara de luna llena."

◯ "Si cuando esté cavando piensa en una sopa de fideos, no lo encontrará."

◯ "Tome una pala y comience a cavar en busca de un tesoro."

◯ "Usted va a ser un hombre rico si hace lo que yo le indique."

◯ "Y ahora no hay manera de sacarme la sopa de fideos de la cabeza."

◯ De pronto tira la pala y exclama:

◯ Ésta observa durante un rato la bola de cristal y entonces le dice a Juan:

(1) Juan quiere saber cuál será su futuro y por eso va a consultar con una adivina.

◯ Juan se alegra por el tesoro que va a encontrar y se compra una pala.

◯ La primera noche de luna llena comienza su trabajo.

TEST 51 Setzen Sie ein.

Alemania allí caza clase clavar despiérteme huevo la llamar mal Me menos ~~pregunto~~ Sabe ser sin taza te toda tren

1. Das frage ich dich. > Eso te pregunto ______.
2. Das mag stimmen. > Puede ______.
3. Wecken Sie mich bitte um ... > Por favor, ____________ / llámeme a las ...
4. den Zug nehmen / mit der Bahn fahren > viajar en ________
5. die Karte von Deutschland > el mapa de ______________
6. die ganze Nacht > ________ la noche
7. Wie komme ich am besten dorthin? > ¿Cuál es el mejor camino para llegar ________?
8. Viel Spaß! > ¡Que ____ diviertas!
9. ein Ei kochen > cocer un __________
10. ein schlimmes Ende nehmen > acabar ______
11. eine Tasse Kaffee > una ________ de café
12. einen Nagel in die Wand schlagen > ____________ un clavo en la pared
13. Wir möchten Sie gern auf ... aufmerksam machen. > Queremos ____________ su atención sobre ... .
14. am folgenden Morgen > ____ mañana siguiente
15. Unterricht haben > estar en __________
16. Er kann mehrere Sprachen. > ________ varios idiomas.
17. Es ist Viertel vor eins. > Es la una __________ cuarto.
18. Würden Sie bitte die Rechnung fertigmachen? > ¿____ puede preparar la cuenta?
19. auf die Jagd gehen > ir a cazar / ir de ________
20. außer Atem > ______ aliento

Was passt zusammen? Finden Sie rechts die Bedeutung der Redensarten.

1.	él está en la gloria	**a)**	él encontró la solución al problema
2.	él vio los cielos abiertos	**b)**	él es hábil
3.	él le tomó el pelo	**c)**	él es muy feliz
4.	él mandó todo al diablo	**d)**	él es un necio
5.	él está jugando con fuego	**e)**	él está implicado en un asunto
6.	él habla con el corazón en la mano	**f)**	él está gastando mucho dinero
7.	él se quita el sombrero ante ella	**g)**	él está metido en un asunto peligroso
8.	él está tirando la casa por la ventana	h)	él está protegido
9.	él se ha llevado las palmas	**i)**	él habla con franqueza
10.	él tiene buena mano	**j)**	él la admira
11.	él nunca da brazo a torcer	**k)**	él la engañó
12.	él está en el ajo	**l)**	él se ha llevado todos los méritos
13.	él no tiene dos dedos de frente	**m)**	él lo abandonó todo
14.	él lo mira por encima del hombro	**n)**	él lo desprecia
15.	él tiene las espaldas guardadas	**o)**	él lo trató con desprecio
16.	él le dio con el pie	**p)**	él defiende algo con obstinación

TEST 53 Kreuzworträtsel

WAAGERECHT

1 Cuando tenemos problemas de s**** vamos al médico.

4 Crucemos la calle por allí: hay un p*** de peatones.

6 El atleta sueco fue el primero en llegar a la m***.

8 ¿A qué hora vendrás? –A e** de las siete.

9 En el partido de fútbol no se marcó ningún g** .

10 Los policías no pudieron a****** al ladrón.

13 ¡Con este ruido no se puede o** nada!

14 ¡Feliz A** Nuevo!

15 Los niños a** no han llegado de la escuela.

16 El adjetivo 'miserable' es un derivado del sustantivo 'm******'.

21 El padre de mi primo es mi t**.

22 Cuando vamos al dentista, tenemos que esperar en la sala de e*****.

23 Jorge tiene dieciocho años: ya es mayor de e***.

25 Me enamoré de él la primera vez que le vi: fue a*** a primera vista.

28 Un 'a***** de policía' es lo mismo que 'un policía'.

30 España se encuentra al s** de los Pirineos.

31 El verbo correspondiente al sustantivo 'colocación' es 'c******'.

34 Para desayunar yo como dos rebanadas de p** tostado con mantequilla y mermelada.

35 Antonio vive en la costa; desde su casa se ve el m**.

36 ¡Nunca había visto una película t** mala!

38 Ha anulado el viaje por r****** de salud.

41 E** agua no se puede beber, no es potable.

42 A los niños l** he dado un bocadillo para merendar.

43 ¿Ya te has comido el plátano? ¿Quieres o***?

44 Pablo a*** muy despacio, no puede caminar deprisa.

45 ¿Necesitas ayuda? –Por a**** no, gracias.

SENKRECHT

1 Siempre s*** a mi casa en ascensor.

2 El participio del verbo 'lograr' es 'l******'.

3 Justo d****** de mi casa hay una parada de autobús.

4 Falta p*** tiempo para las vacaciones.

5 Dame cualquier cosa, lo que s**.

6 Tu hermana es mayor que la m**.

7 El femenino del adjetivo 'agrio' es 'a****'.

11 Los pájaros volaban al r** del agua.

12 ¿El 3 es una cifra p** o impar?

16 En verano toma mucho el sol, le gusta ponerse m*****.

17 E** jersey que llevas es igual que el mío.

18 En verano estuvimos en París: la i** la hicimos en avión y la vuelta, en tren.

19 Hoy he ido al médico y mañana tengo que ir o*** vez.

20 Antes de marcharte, no te olvides de a***** la luz.

24 Este pan no se puede comer, está d***.

26 Perdona, he confundido tu paraguas con el m**.

27 El r** que pasa por París se llama Sena.

29 El Sr. Castro es el director de esta e******.

30 El participio del verbo 'sentar' es 's******'.

31 Mientras la madre trabaja, la abuela se hace c**** de los niños.

32 Si no encendemos la l**, no veremos nada.

33 Tráigame un café c** leche, por favor.

35 Esta actriz es muy m***, no me gusta nada.

37 No quiero n*** más, gracias.

39 El atleta griego ha ganado la medalla de o**.

40 Es tarde, s** las siete.

Setzen Sie ein.

apegada apoderarse aprender ayer café cambiar ~~ciudad~~ comida considerable estado hambriento ninguna ninguna personas propios público Que sólo va Ya

1. Haben Sie einen Stadtplan? > ¿Tiene un plano de la _ciudad_?
2. Das Essen ist kalt. > La ________ está fría.
3. Ich bin hungrig. / Ich habe Hunger. > Estoy ______. / Tengo hambre.
4. Ich habe Medikamente genommen. > He __________ tomando medicamentos.
5. Ich trinke lieber Kaffee. > Prefiero el ________.
6. seine Meinung ändern > ____________ de parecer
7. lesen lernen > ______________ a leer
8. gestern Morgen > _______ por la mañana
9. öffentlicher Fernsprecher > teléfono ____________
10. wichtig / bedeutend > importante / _____________________
11. Sie hängt an ihrer Mutter. > Está muy _________ a su madre. / Depende mucho de su madre.
12. Dieser Koffer enthält nur persönliche Dinge. > Esta maleta _______ contiene objetos personales.
13. mit eigenen Augen > con los ____________ ojos
14. Bitte einen Tisch für ... Personen. > Una mesa para ... ______________, por favor.
15. Alles Gute! / Mach's gut! / Viel Glück! > ¡Suerte! / ¡_____ te vaya bien!
16. in Besitz nehmen > ________________ de
17. in keiner Weise > de ____________ manera
18. unter keinen Umständen / auf gar keinen Fall > de ningún modo / de ____________ manera
19. Es wird schon werden / gehen. > ____ se arreglará.
20. Führt diese Straße direkt in die Stadt? > ¿Por esta carretera se ____ directo a la ciudad?

TEST 55 Finden Sie die logische Entsprechung.

anochecer anteayer arrastrarse ~~árbitro~~ cabeza cardumen diversión encontrar excepción granizo habitación huesos lector música prohibir Papa salida sentimiento siempre uniforme

1. tribunal : juez = futbolista : árbitro
2. desayuno : amanecer = cena : ________________
3. payaso : disfraz = soldado : ________________
4. empresa : director general = iglesia : ________________
5. pescado : espinas = hombres : ________________
6. mañana : ayer = pasado mañana : ________________
7. lluvia : agua = granizada : ________________
8. zapato : pie = sombrero : ________________
9. sí : no = permitir : ________________
10. edificio : piso = casa : ________________
11. rara vez : nunca = muchas veces : ________________
12. normal : anormal = regla : ________________
13. barco : flota = peces : ________________
14. trabajo : seriedad = juego : ________________
15. hablar : oyente = escribir : ________________
16. venir : ir = llegada : ________________
17. rana : saltar = serpiente : ________________
18. cabeza : razón = corazón : ________________
19. novela : literatura = concierto : ________________
20. disgusto : alegría = perder : ________________

Wie heißt das Gegenteil (Antonym)?

aburrimiento acierto alumno amor aterrizaje belleza demonio desprecio disminución divorcio esclavitud grandeza ~~infelicidad~~ infierno mar nieta profundidad regreso separación vejez

1. la felicidad : la infelicidad
2. Dios : el ______________
3. la abuela : la ______________
4. la pequeñez : la ______________
5. el odio : el ______________
6. el aumento : la ______________
7. la libertad : la ______________
8. el cielo : el ______________
9. la ida : el ______________
10. la admiración : el ______________
11. el casamiento : el ______________
12. la unión : la ______________
13. la fealdad : la ______________
14. la altitud : la ______________
15. el error : el ______________
16. la juventud : la ______________
17. la tierra : el ______________
18. el despegue : el ______________
19. el profesor : el ______________
20. la diversión : el ______________

TEST 57 Setzen Sie ein.

balanza cantar Contamos derecha desagradable despiérteme diviertas duele gustaría Hay ir mal marcar médico memoria ~~mucho~~ mío noticias primera reparar

1. Das gefällt mir sehr. > Me gusta mucho.
2. Das schadet nichts. > No hace ningún _______.
3. Ich möchte einen pikanten Käse. > Me ______________ tomar un queso de sabor fuerte.
4. Rechts fahren / halten! > ¡Conduzca por la ____________!
5. Wecken Sie mich bitte um ... > Por favor ____________________ / llámeme a las ...
6. Mein Gott! > ¡Dios _____!
7. Der Kopf tut mir weh. > Me ________ la cabeza.
8. die Nummer wählen > __________ el número de teléfono
9. Wie komme ich zur Autobahn? > ¿Cómo puedo ____ a la autopista?
10. die neuesten Nachrichten > las últimas _________
11. Viel Spaß! > ¡Que te ________________!
12. ein Lied singen > __________ una canción
13. ein übler Geruch > un olor ______________________
14. Sind Sie in einer Krankenkasse? > ¿Tiene usted un seguro ________________?
15. Wir rechnen mit einer Lieferzeit von 8 Tagen. > ______________ con un plazo de entrega de 8 días.
16. am frühen Nachmittag > a ____________ hora / al comienzo de la tarde
17. Ist eine Sauna vorhanden? > ¿_____ un sauna?
18. Würden Sie das Auto reparieren? > ¿Podría ____________ el coche?
19. auf die Waage legen > poner en la ____________ / pesar
20. auswendig lernen > aprender de _____________

Finden Sie Adjektive mit ähnlicher Bedeutung (Synonyme). TEST 58

achacoso agotado arriesgado ~~chistoso~~ costoso delicado endeble grosero igual listo melancólico millonario nuevo óptimo perseverante precioso rudo torpe trágico vanidoso

1. bromista : chistoso
2. orgulloso : ____________________
3. peligroso : ____________________
4. funesto : ____________________
5. triste : ____________________
6. enfermizo : ____________________
7. débil : ____________________
8. frágil : ____________________
9. patoso : ____________________
10. tosco : ____________________
11. moderno : ____________________
12. cansado : ____________________
13. valioso : ____________________
14. caro : ____________________
15. astuto : ____________________
16. idéntico : ____________________
17. ordinario : ____________________
18. constante : ____________________
19. excelente : ____________________
20. rico : ____________________

TEST 59 Welches Wort passt nicht in die Reihe?

1. bolos - ~~árbol~~ - billar - boxeo
2. montaña - cuadro - florero - estantería
3. relámpago - trueno - escritura - tormenta
4. gris - fuerte - verde - lila
5. negro - rayado - verde - blanco
6. balcón - lavaplatos - equipo estereofónico - lavadora
7. dirección - hacha - cinta métrica - perforadora
8. buzón - timbre - puerta de la calle - carretera
9. quedarse - saltar - brincar - escalar
10. librería - droguería - cuerpo de bomberos - peluquería
11. tapa - corcho - tapón - fósforo
12. abrelatas - sacacorchos - abrebotellas - olla
13. tonto - avaro - intolerante - simpático
14. flauta - violín - cara - guitarra
15. verdulería - joyería - pastelería - dentista
16. sobrino - nieto - hijo - profesión
17. sobrina - abuela - cuñada - profesora
18. pimiento - seta - muñeca - espárragos
19. refrigerador - lámpara - madre - horno
20. colegio - farmacia - panadería - floristería

Setzen Sie ein.

cama cansarse ~~comprendido~~ conservar cosas cualquier De del desde Déle estómago estropeado fumar lento media pedazos portarse profesor sufrir terminar

1. Ich habe das Wort nicht verstanden. > No he comprendido esta palabra.
2. mein alter Lehrer > mi antiguo ___________
3. Der Schalter ist defekt / kaputt. > Se ha _______________ el interruptor.
4. sich anständig benehmen > _______________ bien
5. eine Zigarette rauchen > _________ un cigarrillo
6. einen Verlust erleiden > ___________ una pérdida
7. Bitte sprechen Sie langsam. > Por favor, hable más despacio / _________ .
8. im Bett liegen > estar en la _______
9. in Stücke reißen > romper en _____________
10. So steht die Sache. > Así están las _________.
11. von Anfang bis Ende > _________ el comienzo hasta el fin
12. Er tritt aus dem Zimmer. > Sale _____ cuarto.
13. irgend etwas > algo / _________________ cosa
14. Grüßen Sie ihn von mir. > Salúdele / _______ recuerdos de mi parte.
15. Es ist halb fünf. > Son las cuatro y _________.
16. etwas gegen Bauchweh > algo contra el dolor de _________
17. zu Ende gehen > _________
18. müde werden > _______________
19. Auf welche Weise? > ¿____ qué manera?
20. ruhig bleiben / die Ruhe bewahren > _________________ la calma

TEST 61 Setzen Sie die Sätze in die richtige Reihenfolge.

◯ "A ése lo odio a muerte."

◯ "¿Y qué ocurre con él?", pregunta el amigo.

◯ Quieren tomar juntos unos tragos de whisky.

(1) Un vaquero entra junto con su amigo en una taberna.

◯ Once de ellos caen al momento.

◯ El vaquero saca su revólver y dispara hacia los hombres que están junto al bar.

◯ "No sé a cuál te refieres", responde el amigo.

◯ El vaquero señala hacia uno de ellos y pregunta:

◯ "¿Ves a aquél del otro lado?"

◯ Entonces señala hacia el que ha quedado en pie.

◯ "Me estaba refiriendo a ése", dice a su amigo.

◯ En el bar ya hay doce hombres.

Setzen Sie ein.

asciende ~~asunto~~ beber caer dolor días es escuchando firmar Lléneme materia nada perro qué quieto ribera sobrante tráfico tren vehículos

1. Das geht Sie nichts an. > Esto no es asunto suyo.
2. das übrige Geld > el dinero ________ / el dinero restante
3. Ich höre zu. > Estoy atendiendo. / Estoy ________.
4. bei einbrechender Dunkelheit > al ______ la noche
5. Sei still! > ¡Estáte ________! / ¡Cállate!
6. Wein trinken > ______ vino
7. Der Preis beträgt 100 Euro. > El precio ______ a 100 euros.
8. Gern geschehen! / Keine Ursache! / Bitte sehr! > ¡No hay de qué! / ¡De ______!
9. Ihr Wagen behindert den Verkehr. > Su coche obstruye el ________.
10. Wie kommt es, dass ... ? > ¿Cómo ____ posible que ... ?
11. Hier habe ich Schmerzen. > Me duele aquí. / Tengo un ______ aquí.
12. Einfahrt verboten! > ¡Prohibida la entrada de ________!
13. Wir rechnen mit einer Lieferzeit von 8 Tagen. > Contamos con un plazo de entrega de 8 ______.
14. am rechten Ufer > en la ________ / orilla derecha
15. Um welche Zeit? / Um wieviel Uhr? > ¿A ______ hora?
16. Könnten wir einen mittelgroßen Hund mitbringen? > ¿Podemos llevar un ______ de tamaño mediano?
17. Volltanken mit Super. > ______ el depósito con gasolina súper.
18. Würden Sie hier unterschreiben. > ¿Podría usted ______ aquí?
19. auf diesem Gebiet > en esta ______
20. Muss ich umsteigen? > ¿Tengo que hacer transbordo? / ¿Tengo que cambiar de ______?

TEST 63 Kreuzworträtsel

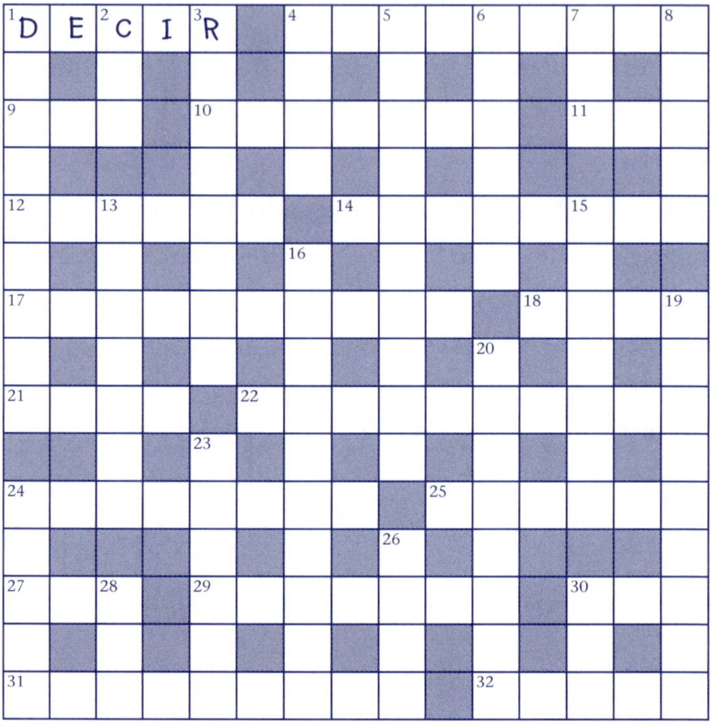

WAAGERECHT

1 'D**** una mentira' significa 'mentir'.

4 Con una cuchara tomamos una c******** de jarabe.

9 Los meses del año s** doce.

10 El contrario de 'divorciarse' es 'c******'.

11 El verbo correspondiente al sustantivo 'oído' es 'o**'.

12 Esta montaña tiene una a***** de más de mil metros.

14 Para merendar los niños comen una r******* de pan con chocolate.

17 De mil, millares; de cien, c*********.

18 Cuando llueve, del cielo caen gotas de a***.

21 El niño ya camina o, en otras palabras, ya a***.

22 De completo, completamente; de total, t*********.

24 El sustantivo correspondiente al verbo 'servir' es 's*******'.

25 'C*****' es un sinónimo de 'motivar'.

27 ¿Qué hora es? –L** tres.

29 Una cosa que está alzada o levantada está e******.

30 El contrario de 'tomar' es 'd**'.

31 Ha perdido el conocimiento, se ha d********.

32 El contrario del Este es el O****.

SENKRECHT

1 La d******** entre las dos paredes es de dos metros y medio.

2 ¿Quieres el té c** o sin limón?

3 El verbo correspondiente al sustantivo 'recorrido' es 'r*******'.

4 ¿Habéis salido este fin de semana? –No, hemos estado todo el fin de semana en c***.

5 Entre los caminos y las autopistas están las c*********.

6 Tengo hambre, esta mañana a***** he comido.

7 Nací en el a** mil novecientos sesenta y cinco.

8 El femenino de 'agrio' es 'a****'.

13 Los cubiertos son la cuchara, el t****** y el cuchillo.

15 Tengo muchos amigos. A****** de ellos viven en el extranjero.

16 Tenemos poca gasolina. Necesitamos encontrar una g*********.

19 'A********' significa 'ponerse contento'.

20 Cuando algo está muy mojado decimos que está e*******.

23 La r***** es la orilla o el margen de un río o del mar.

24 Tener s**** significa gozar de bienestar físico y mental.

26 Juan no tiene trabajo, está en p***.

28 Ha venido María con s** hermanos.

30 Hago gimnasia d** veces por semana.

TEST 64 Setzen Sie ein.

América Brasil con desarrollo desfavorable entre existe extensión fronteras habla oficial posee según Sur vecinos

República de Bolivia

Bolivia se halla en el centro de __________ (1) del Sur y su capital es La Paz. Su ___________ (2) es de 1 098 500 Km^2 y ________ (3) una población de más de 6 millones de habitantes en la que predominan los amerindios, si bien ________ (4) un gran mestizaje.

Todas sus _________ (5) son terrestres: limita al Norte y al Este con _______ (6), al Sudeste, con Paraguay, y al _____ (7), con Argentina; al Sudoeste tiene frontera _____ (8) Chile, y al Noroeste, con Perú. El hecho de no poseer fronteras marítimas hace que este país presente una situación geográfico-económica ___________ (9), pues debe realizar su comercio exterior a través de los países ____________ (10). La economía de Bolivia es agraria y minera, con un pobre ___________ (11) industrial.

El clima varía mucho ____________ (12) la altura: existe un fuerte contraste climático ____________ (13) la zona fría de los Andes y las cálidas tierras bajas del Oriente.

Además del español, que es el idioma ____________ (14) de Bolivia, se ____________ (15) el quechua, el aimara y otros dialectos.

Was passt links und rechts zusammen?

1.	flores	azúcar
2.	automóvil	tapa
3.	tren	billete
4.	café	jarrón
5.	olla	maletero

a.	sopa	telesquí
b.	fiebre	cuchara
c.	escalera	termómetro
d.	embutido	cuchillo
e.	nieve	barandilla

I.	bicicleta	cuero
II.	teatro	escenario
III.	taberna	pedal
IV.	circo	payaso
V.	cartera	cerveza

A.	zoológico	música
B.	piscina	maleta
C.	cielo	estrella
D.	discoteca	agua
E.	equipaje	animal

TEST 66 Setzen Sie ein.

aguar anteojos cine cuartos enfermedad Estará foso gratitud gritar hay iglesia invitación jugar ningún oeste responsable saludos ~~semana~~ trabajar vista

1. nächste Woche > la semana que viene
2. über einen Graben springen > saltar por encima de un ________
3. Ich habe kein Interesse daran. > No tengo ____________ interés. / No estoy interesado en esto.
4. schuld sein an > tener la culpa de / ser ____________________ de
5. jemandem die Freude verderben > __________ la fiesta a una persona
6. herzliche Grüße > muchos recuerdos / ______________ cordiales
7. sich eine Krankheit zuziehen > contraer una ___________________
8. die Räume des Hauses > los ______________ / las habitaciones / las piezas de la casa
9. die westliche Seite > el lado ________________ / occidental
10. ein Spiel spielen > __________ una partida / a un juego
11. eine Brille tragen > llevar ________________ (am.)/ gafas
12. eine großartige Aussicht > una __________ magnífica
13. einer Einladung folgen > corresponder a una ____________________
14. mit Dank annehmen > aceptar con ________________
15. fleißig arbeiten > ________________ asiduamente
16. im Kino > en el ________
17. in der Kirche > en la ______________
18. vor Schmerz schreien > ____________ de dolor
19. Er wird jeden Augenblick hier sein. > ____________ aquí de un momento a otro.
20. Es ist niemand da. > No ______ nadie.

Was passt zusammen?
Bilden Sie Sprichwörter oder Redensarten.

1.	En casa del herrero,	**a)**	a hierro muere.
2.	En tierra de ciegos,	**b)**	cuchara de palo.
3.	Haz el bien,	**c)**	del cielo bajan.
4.	Más vale pájaro en mano	**d)**	el tuerto es rey.
5.	Matrimonio y mortaja	**e)**	mal acaba.
6.	Menea la cola el can,	**f)**	no por ti, sino por el pan.
7.	No hay peor ciego que el	**g)**	poco mordedor.
8.	Perro ladrador,	**h)**	que ciento volando.
9.	Quien a hierro mata,	**i)**	qué de tiñosos hubiera.
10.	Quien mal anda,	**j)**	que no quiere ver.
11.	Si la envidia tiña fuera	**k)**	y no mires a quién.

TEST 68 Welches Wort passt nicht in die Reihe?

1. isla - archipiélago - ~~niebla~~ - península
2. pistola - escopeta - cañón - cuchillo
3. polaco - búlgaro - griego - ruso
4. cigarrillo - puro - pipa - encendedor
5. Albania - Bélgica - Benelux - Bulgaria
6. miedoso - alegre - malo - deprimido
7. agresivo - celoso - envidioso - feliz
8. ceja - cabello - barba - pecho
9. piña - rama - albaricoques - peras
10. Ebro - Tajo - Menorca - Guadalquivir
11. traje - leche - blusa - sujetador
12. jugo de manzana - cerveza - servicio - café
13. alcachofas - berenjena - naranjas - coliflor
14. plátanos - frambuesas - bencina - nísperos
15. oler - freír - soplar - respirar
16. azul - lila - duro - amarillo
17. pimienta - sal - ajo - naranja
18. dedo - mano - pulgar - cara
19. fútbol - golf - balonmano - opinión
20. comercio - jirafa - gorila - camello

Setzen Sie ein.

asciende cartel cuenta dejar depósito Estamos Le libros montaña niños perro potable Querido subir suerte teléfono tiempo ~~Tienen~~ verduras vista

1. Haben Sie Kinderportionen? > ¿Sirven/Tienen raciones para niños?
2. Zahlen, bitte! > ¡La ___________, por favor!
3. Familie haben > tener __________
4. Ich möchte eine Gemüsesuppe. > Quisiera una sopa de _______.
5. beim Anblick von > a la __________ de
6. Weiter vorn steht ein Wegweiser / ein Schild. > Un poco más adelante hay un _________ indicador.
7. Besten Dank für Ihre Bewerbung. > _______ agradecemos su solicitud de empleo.
8. Die Mindestabnahmemenge beträgt 200. > La venta mínima ________________ a 200.
9. Wie lange dauert die Reparatur? > ¿Cuánto ____________ necesita para la reparación?
10. Sie werden am Telefon verlangt > le llaman por ______________
11. Lieber Herr X! > ______________ señor X,
12. Wir sind in der Lage, Ihnen ... anzubieten. > ______________ en condiciones de ofrecerles ... .
13. Platz machen für > __________ sitio / lugar
14. an Bord gehen > __________ a bordo
15. Volltanken mit Super. > Lléneme el ________ con gasolina súper.
16. Ist das Trinkwasser? > ¿Esta agua es ______________?
17. Bücher aus zweiter Hand > _________ usados / de segunda mano
18. auf einen Berg klettern > escalar una ______________
19. zum Glück > por ____________
20. Hunde an der Leine führen! > ¡Mantengan el __________ atado con la correa!

TEST 70 Finden Sie die logische Entsprechung.

acuario cachorros cohete comienzo descansar estantería flecha fracaso fruta futuro hospital lentitud manada marco mesa piedra princesa ~~sueldo~~ tapa vuestro

1. abogado : honorarios = trabajador : sueldo
2. botella : corcho = mermelada : ________________
3. oro : metal = diamante : ________________ preciosa
4. zanahoria : hortaliza = cereza : ________________
5. escopeta : bala = arco : ________________
6. taxista : taxi = astronauta : ________________
7. león : jaula = pez : ________________
8. guepardo : rapidez = caracol : ________________
9. ordenador : escritorio = comida : ________________
10. vestuario : armario = libros : ________________
11. mar : orilla = cuadro : ________________
12. despedida : final = bienvenida : ________________
13. felicidad : infelicidad = éxito : ________________
14. trabajo : trabajar = descanso : ________________
15. personas : niños = perros : ________________
16. padre : hija = rey : ________________
17. persona : grupo = animal : ________________
18. detrás : pasado = delante : ________________
19. mío : tuyo = nuestro : ________________
20. preso : cárcel = enfermo : ________________

Wie heißt das Gegenteil (Antonym)?

agua amigo calidez cercanía enemistad enfermedad guerra hombre muerte otoño patria prisión seguridad todo tristeza ~~valentía~~

1. la cobardía : la valentía
2. el enemigo : el ____________
3. la lejanía : la ____________
4. el fuego : el ____________
5. la mujer : el ____________
6. la libertad : la ____________
7. el extranjero : la ____________
8. la alegría : la ____________
9. la nada : el ____________
10. la paz : la ____________
11. la amistad : la ____________
12. la frialdad : la ____________
13. la primavera : el ____________
14. el nacimiento : la ____________
15. el peligro : la ____________
16. la salud : la ____________

TEST 72 Setzen Sie ein.

abajo bicicleta ~~bien~~ calle consultar descalzarse escuela gol ha hace lugar médico nadie pan Pasó pregunta sucede va ver Voy

1. ganz gut / ziemlich gut / nicht schlecht > bastante _bien_
2. Das geht zu weit. > Esto ____ demasiado lejos. / Esto exagera la nota.
3. Ich hole dich ab. > ______ a buscarte.
4. sein Brot verdienen > ganarse la vida / ganarse el ______ de cada día
5. den Arzt holen > llamar al ____________ / al doctor
6. Der Sommer ist vorbei. > El verano ____ pasado / terminado.
7. die Schuhe ausziehen > quitarse los zapatos/ ______________
8. niemand anders / niemand sonst / weiter niemand > __________ más / ninguna otra persona
9. hier unten > aquí __________
10. ein Tor schießen > marcar un ______
11. eine Frage beantworten > contestar a una ________________
12. eine lebhafte Straße > una __________ frecuentada
13. mit dem Rad fahren > ir en __________________
14. klar sehen > ______ claro
15. im Telefonbuch nachsehen > __________________ en la guía de teléfonos
16. in die Schule gehen > ir a la ______________
17. Er ging an mir vorbei. > ________ delante de mí / cerca de mí.
18. Draußen geht ein Wind. > Fuera ________ viento.
19. erstens / an erster Stelle > en primer __________
20. es kommt vor, dass > ____________ que

Finden Sie die logische Entsprechung.

altura año caballo calcular ~~camiseta~~ católico componer desierto espalda francés gas Grecia mes peinar pez piel porcelana sólido tía vivir

1. pantalón : slip = camisa : camiseta
2. hierro : metal = oxígeno : ________________
3. garaje : aparcar = casa : ________________
4. Bruselas : Bélgica = Atenas : ________________
5. cordero : oveja = potro : ________________
6. pozo : profundidad = rascacielos : ________________
7. lápiz : escribir = calculadora : ________________
8. miércoles : día = julio : ________________
9. España : español = Francia : ________________
10. Lutero : protestante = Papa : ________________
11. tarde : día = otoño : ________________
12. cepillo : cepillar = peine : ________________
13. máquina de afeitar : barba = crema : ________________
14. gorila : selva = camello : ________________
15. delante : pecho = detrás : ________________
16. autor : escribir = compositor : ________________
17. sobrino : sobrina = tío : ________________
18. agua : líquido = hielo : ________________
19. paloma : pájaro = tiburón : ________________
20. árbol : madera = plato : ________________

WAAGERECHT

1 Mi madre me ha regalado un anillo de p****.

4 Para abrir una puerta ponemos la llave en la c********.

9 No te acerques, quédate a**.

10 El sustantivo correspondiente al adjetivo 'espeso' es 'e******'.

11 He perdido un pendiente de o**.

12 ¿Dónde hay por aquí un t***** de mecánica?

14 No hemos encontrado la solución al p*******.

16 ¡Pon una c******** de sal en la sopa!

18 ¿Ya te has bebido la naranjada? ¿Quieres o***?

21 Esta mariposa pertenece a una especie muy r***.

22 ¿De qué quieres el helado? –De c********.

24 ¡No se olvide de cerrar la puerta con llave! –D*******.
25 Me he equivocado, ¿puedes prestarme tu goma de b*****?
27 Martín no quiere ir de vacaciones con s** padres.
29 ¿Dónde prefieres pasar las vacaciones, en la playa o en la m******?
30 El infinitivo correspondiente al participio 'dado' es 'd**'.
31 A mi abuelo le gusta mucho andar. Es muy a********.
32 El contrario del Este es el O****.

SENKRECHT

1 Conozco bien la gramática alemana, pero necesito p********.
2 ¡Nunca me había ocurrido una cosa a**!
3 El infinitivo correspondiente al participio 'acelerado' es 'a*******'.
4 Esta noche iré con Luis a tomar una c***.
5 ¿Has r******** mesa en el restaurante para esta noche?
6 ¿Dónde está la sal: en el estante de a***** o en el de abajo?
7 He comprado cuatro libros: dos para cada u** de vosotros.
8 Rosa, ¿puedes venir un momento, por favor? –A**** voy.
13 No me gusta ni el whisky ni el coñac, sólo me gustan los l****** de frutas.
15 El verbo correspondiente al sustantivo 'extracción' es 'e******'.
17 Juan ha tenido un a******** de coche.
19 ¡Tus padres deberían a******** de tus éxitos!
20 Juan es muy tímido: en seguida se pone c*******.
23 No toques la sartén con la mano. ¡Te podrías q*****!
24 ¿D**** algo de postre? –No, gracias.
26 Si Juan es más alto que Pedro, Pedro es más b*** que Juan.
28 Tengo s**, voy a beber un vaso de agua.
30 ¿Cuánto son siete menos cinco? –D**.

TEST 75 Setzen Sie ein.

adelante caducado cartas depósito favor gafas la mediados muelas personas promedio Quiero redonda sentarse tarjeta Tenemos terminar ~~tiendas~~ vehículo visita

1. Haben Sie noch Platz für zwei Zelte? > ¿Tienen sitio para dos tiendas ______?
2. Gäste / Besuch haben > tener invitados / ___________
3. Zahnschmerzen haben > tener dolor de ___________
4. Karten spielen > jugar a las ___________
5. Das Fahrzeug ist beschädigt. > El _______________ está dañado.
6. Tausende von Menschen > miles de _______________
7. Ich habe meine Brille zerbrochen. > Se me han roto las ______.
8. Ich möchte mir die Hände waschen. > _____ lavarme las manos.
9. Schluss machen mit > _______________ con / acabar
10. weit und breit > a lo largo y a lo ancho / a la _____________
11. Weiter vorn steht ein Wegweiser / ein Schild. > Un poco más _______________ hay un cartel indicador.
12. sich zu Tisch setzen > _______________ a la mesa
13. Wie lange dauert die Reparatur? > ¿Cuánto tiempo necesita para ____ reparación?
14. Dieser Pass ist abgelaufen. > Este pasaporte ha _________ .
15. Wir sind sehr an Ihren Erzeugnissen interessiert. > _____________ mucho interés en sus productos.
16. Mitte August > a _______________ de agosto
17. Bitte einen Tisch für ... Personen. > Una mesa para ... personas, por _________.
18. Akzeptieren Sie eine Kreditkarte? > ¿Acepta _____________ de crédito?
19. unter dem Durchschnitt > por debajo de la media / del ________
20. Volltanken mit Super. > Lléneme el _________ con gasolina súper.

Finden Sie Verben mit ähnlicher Bedeutung (Synonyme).

aventurar balbucear canjear chillar decorar ~~degustar~~ desperdiciar donar platicar practicar prohibir reducir reflexionar reñir revisar sumergirse tirar titubear venerar zafarse

1. probar : degustar
2. examinar : ________________
3. meditar : ________________
4. hablar : ________________
5. arriesgar : ________________
6. gritar : ________________
7. echar : ________________
8. adornar : ________________
9. vacilar : ________________
10. hundirse : ________________
11. dar : ________________
12. tartamudear : ________________
13. discutir : ________________
14. cambiar : ________________
15. entrenar : ________________
16. vedar : ________________
17. disminuir : ________________
18. desaprovechar : ________________
19. escaparse : ________________
20. adorar : ________________

TEST 77 Finden Sie die logische Entsprechung.

acera aprender asientos bomberos ciudad conductor director economista escasez francés mecha mina planta portugués república río ~~rugir~~ sangre triunfo visitante

1. gallo : cantar = león : rugir
2. Rusia : ruso = Francia : ________________
3. España : español = Portugal : ________________
4. Alemania : país = Berlín : ________________
5. perro : animal = flor : ________________
6. agua : manantial = carbón : ________________
7. perder : ganar = fracaso : ________________
8. política : político = economía : ________________
9. metro : pasajero = zoológico : ________________
10. lámpara : bombilla = vela : ________________
11. habitación : sillas = autobús : ________________
12. pueblo : ciudad = arroyo : ________________
13. visado : extranjero = permiso de conducir : ________________
14. ciclista : carril de bicicletas = peatón : ________________
15. clase : profesor = orquesta : ________________
16. crimen : policía = incendio : ________________
17. Inglaterra : monarquía = Francia : ________________
18. pulmón : aire = corazón : ________________
19. mucho : poco = abundancia : ________________
20. iglesia : rezar = colegio : ________________

Setzen Sie ein.

alegro autobús comida compañía dentro distinguido domingo dulce ejemplo examen francés irse lugar ~~merece~~ mí peor recto Segunda Supongo tres

1. Das hat er nicht verdient. > No lo merece. / No lo tiene merecido.
2. Ich bin an der Reihe. / Ich bin dran. > Me toca a ____.
3. Ich nehme an, er ist krank. > ____________ que está enfermo.
4. Gehen Sie geradeaus. > Vaya derecho. / Vaya todo _________.
5. den Bus nehmen > tomar el ____________
6. der Zweite Weltkrieg > la ____________ Guerra Mundial
7. letzten Sonntag > el ____________ pasado
8. die Speisen salzen > echar sal a la ____________
9. ein feiner Mensch > un hombre ____________________
10. eine Prüfung machen > hacer un ___________ / una prueba
11. einem Beispiel folgen > seguir un ____________
12. binnen kurzem > ___________ de poco
13. immer schlechter > cada vez _______
14. an Stelle von > en _________ de / en vez de
15. in guter Gesellschaft > en buena ______________
16. Er ist eben weggegangen / gerade fortgegangen. > Acaba de _______.
17. drei Plätze bestellen > reservar _______ asientos
18. es freut mich > me ___________ de ello
19. Es schmeckt süß. > Sabe _________. / Tiene un sabor dulce.
20. auf Französisch > en ____________

TEST 79 Welches Wort passt nicht in die Reihe?

1. cuchillo - ~~copa~~ - tenedor - cuchara
2. aceite - mermelada - margarina - mantequilla
3. ruso - italiano - español - portugués
4. cortina - silencio - armario - escritorio
5. arroz - turrón - fideos - patatas
6. restaurante - jugo de tomate - vino - whisky
7. Rusia - Liechtenstein - Luxemburgo - Andorra
8. jabón - champú - pasta dental - espejo
9. domingo - febrero - marzo - abril
10. España - checo - búlgaro - turco
11. té - tigre - lobo - cebra
12. teatro - ópera - cabaré - universidad
13. hija - abuela - mellizo - madre
14. dedo del pie - pie - pierna - hueso
15. azúcar - sal - pimienta - jarabe
16. lengua - labio - diente - ojo
17. marzo - Júpiter - Sol - Tierra
18. Polo Norte - Sur - Este - Oeste
19. alemán - bávaro - italiano - polaco
20. Asia - Europa - África - Atlántico

1. Una hora tiene tres mil seiscientos segundos. Vardadero
2. Buenos Aires se encuentra junto al río Amazonas. Falso
3. Perú tiene frontera con Bolivia. ________
4. Una araña tiene seis patas. ________
5. Pablo Ruiz Picasso nació en la ciudad de Málaga. ________
6. Federico García Lorca fue un filósofo andaluz. ________
7. Los Pirineos separan España de Portugal. ________
8. El atún es un pez de agua dulce. ________
9. La Alhambra se encuentra en la ciudad de Granada. ________
10. Un equipo de balompié está formado por diez jugadores. ______
11. La Segunda Guerra Mundial comenzó en 1945. ________
12. Cristóbal Colón descubrió América en 1492. ________
13. Mi sobrino es el hijo de mi hermana. ________
14. España está formada por estados federados. ________
15. Las fresas crecen en los árboles. ________
16. El rumano es una lengua románica. ________
17. En las autopistas hay muchos semáforos. ________
18. El español es el idioma oficial de Brasil. ________
19. Quito es la capital de Ecuador. ________
20. En el mar Caribe abundan las focas. ________

TEST 81 Wo kann man das kaufen?

1								E	R	Í	A
2								E	R	Í	A
3								E	R	Í	A
4								E	R	Í	A
5								E	R	Í	A
6								E	R	Í	A
7								E	R	Í	A
8								E	R	Í	A
9								E	R	Í	A
10								E	R	Í	A
11								E	R	Í	A
12								E	R	Í	A
13								E	R	Í	A

1. ¿Dónde vamos a comprar dulces y pasteles?
2. ¿Dónde vamos a comprar libros y revistas?
3. ¿Dónde vamos a comprar unos pendientes?
4. ¿Dónde vamos a comprar carne?
5. ¿Dónde vamos a comprar flores?
6. ¿Dónde vamos a comprar un par de zapatos?
7. ¿Dónde vamos a encargar un traje?
8. ¿Dónde vamos a comprar pan?
9. ¿Dónde vamos a cortarnos el pelo?
10. ¿Dónde vamos a comprar un reloj?
11. ¿Dónde vamos a comprar frutas y verduras?
12. ¿Dónde vamos a comprar pinturas y detergentes?
13. ¿Dónde vamos a lavar la ropa?

Bilden Sie Fragen. **TEST 82**

~~A cuánto~~ - A qué - A quién - Cuándo - De quién - Desde cuándo - En qué - En qué - Para cuándo - Para qué - Para quién - Por qué - Qué

1. ¿ A cuánto subió la cuenta? - A dos mil pesetas.
2. ¿ ________ se casó usted? - Hace quince años.
3. ¿ ________ no vas hoy a la escuela? - Porque estoy enfermo.
4. ¿ ________ vas a la estación? - En un taxi.
5. ¿ ________ estás esperando? - El autobús.
6. ¿ ________ le diste la maleta? - Al empleado del hotel.
7. ¿ ________ recibiste las flores? - De mi novio.
8. ¿ ________ es la caja de bombones? - Para la maestra.
9. ¿ ________ está estropeado el televisor? - Desde ayer por la noche.
10. ¿ ________ está prevista la fiesta? - Para el próximo sábado.
11. ¿ ________ actriz prefieres, a Michelle Pfeiffer o a Julia Roberts? - Por supuesto a Michelle Pfeiffer.
12. ¿ ________ sirve ese nuevo programa informático? - Para calcular los impuestos.
13. ¿ ________ medida te preparaste para el examen? - Estudié durante todo el fin de semana.

TEST 83 Kreuzworträtsel

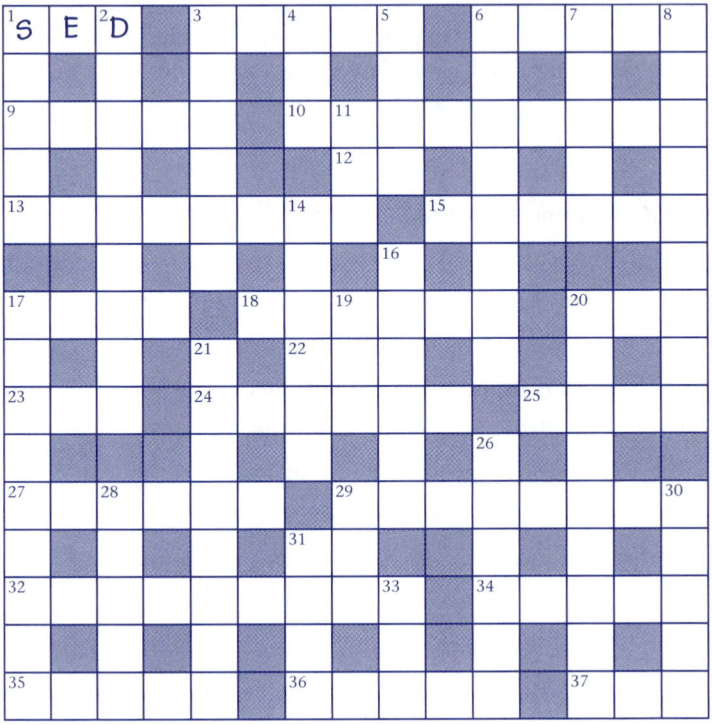

WAAGERECHT

1 Tengo s**, ¿puedes darme un vaso de agua?

3 No podemos p**** por esta calle, está cortada.

6 El sol brilla y el viento s****.

9 No me g**** el calor.

10 La a******** es más rápida que la carretera.

12 ¿Quieres venir al cine esta noche o **?

13 ¿Pagará con tarjeta o en e*******?

15 El sustantivo correspondiente al adjetivo 'grueso' es 'g******'.

17 La semana consta de siete d***.

18 ¡Esto es una broma p*****!

20 ¿Puedo v** su pasaporte, por favor?

22 Si tienes ganas de ir al cine, n** podemos encontrar a las 9 h.
23 ¿Puedes prestarme tu paraguas? No sé dónde tengo el m**.
24 ¿Dónde está el p***** que cruza el río?
25 'A***' es el contrario de 'tras'.
27 La oferta incluye el vuelo y 6 n***** de hotel.
29 Aquí no hay ascensor, hay que subir por la e*******.
31 Hoy ** 6 de noviembre.
32 Carlos vive en el extranjero, pero pasa todas las N******** con su familia.
34 Esto lo digo en serio, no es ninguna b****.
35 El infinitivo correspondiente al gerundio 'errando' es 'e****'.
36 ¿Puede d**** su número de teléfono, por favor?
37 Nuestra hija pronto cumplirá un a**.

SENKRECHT

1 ¿Ha parado ya de llover? –No, s**** lloviendo.
2 El participio del verbo 'despejar' es 'd********'.
3 En estos almacenes los electrodomésticos están en la segunda p*****.
4 No creo que s** verdad lo que dicen de Mercedes.
5 Buenas tardes, quisiera hablar con Ana. –Lo siento, ha salido hace un r***.
6 Mi padre no puede s******* la música moderna.
7 ¿Cuántas habitaciones tienen estos p****?
8 'A********' es un sinónimo de 'cogerse' o 'sujetarse'.
11 ¿Cuántos hijos tiene usted: u** o dos?
14 Si v***** a mi casa, te enseñaré los muebles que he comprado.
16 La empresa me paga los g***** de viaje.
17 Juan es un padre muy d********, controla todo lo que hacen sus hijos.
19 ¿Cuánto s** tres más cuatro? –Siete.
20 El femenino de 'vendedor' es 'v********'.

21 Ana quiere a******* inglés porque no sabe ni una palabra.

26 Tengo h*****, no he comido nada desde la mañana.

28 El infinitivo correspondiente al gerundio 'cavando' es 'c****'.

29 E** chico que cruza la calle es amigo de Ana.

30 Aquí es obligatorio llevar el perro a****.

31 El amor no tiene e***.

33 Valencia está al s** de Barcelona.

Finden Sie waagerecht oder senkrecht 18 Früchte.

P	N	U	E	C	E	S	M	K	I	W	I	S
I	G	U	S	C	L	E	E	R	P	L	S	T
Ñ	U	V	A	F	I	A	L	P	X	H	N	G
A	P	L	Á	T	A	N	O	S	R	N	M	S
S	A	L	B	A	R	I	C	O	Q	U	E	S
N	M	M	M	L	I	M	O	N	E	S	L	C
A	M	A	A	M	R	W	T	N	H	P	O	E
R	V	N	N	C	O	L	O	Z	I	E	N	R
A	I	Z	G	M	M	T	N	T	G	R	E	E
N	K	A	O	G	T	H	E	W	O	A	S	Z
J	U	N	S	**F**	**R**	**E**	**S**	**A**	**S**	S	X	A
A	E	A	A	L	M	E	N	D	R	A	S	S
S	M	S	Z	C	I	R	U	E	L	A	S	R

TEST 85 Wie heißt das Gegenteil (Antonym) der Verben?

abundar ahorrar arrugar callar despertarse disminuir empeorar endurecer ~~entristecer~~ espirar intranquilizar levantarse limpiar llorar olvidar oscurecer pagar perder separar traer

1. alegrar : entristecer
2. gastar : ________________
3. inspirar : ________________
4. ablandar : ________________
5. acostarse : ________________
6. dormirse : ________________
7. cobrar : ________________
8. ganar : ________________
9. hablar : ________________
10. recordar : ________________
11. juntar : ________________
12. reír : ________________
13. escasear : ________________
14. mejorar : ________________
15. aumentar : ________________
16. llevar : ________________
17. clarear : ________________
18. tranquilizar : ________________
19. ensuciar : ________________
20. planchar : ________________

Finden Sie die logische Entsprechung.

arriba cantar casas caucho ~~China~~ demonio desventaja división electricidad Hungría jefe mucho músico odio oeste peligroso pérdida respirar tabaco verdad

1. Moscú : Rusia = Pekín : China
2. montaña : cuevas = ciudad : ________________
3. gasolinera : gasolina = enchufe : ________________
4. felicidad : infelicidad = ganancia : ________________
5. suma : resta = multiplicación : ________________
6. anillo : oro = neumático : ________________
7. paz : guerra = amor : ________________
8. cielo : infierno = Dios : ________________
9. seguridad : peligro = seguro : ________________
10. falso : verdadero = mentira : ________________
11. minoría : mayoría = poco : ________________
12. bueno : malo = ventaja : ________________
13. izquierda : derecha = este : ________________
14. historia : relatar = canción : ________________
15. flan : comer = aire : ________________
16. Varsovia : Polonia = Budapest : ________________
17. minero : abajo = techador : ________________
18. soldado : general = secretaria : ________________
19. pintar : pintor = tocar un instrumento : ________________
20. gasolina : petróleo = cigarros : ________________

TEST 87 Setzen Sie ein.

~~accidente~~ alcohol colchón contento dañado derecha entender maestro mala ocupado perder polvo Por sauna seco Siga súper teatro tiene usados

1. Haben Sie den Unfall gesehen? > ¿Vio / Ha visto usted el accidente?
2. nach bestem Wissen und Gewissen > a mi saber y ___________
3. Ich brauche eine Luftmatratze. > Necesito un ________ hinchable.
4. Ich möchte einen alkoholfreien Aperitif. > Me gustaría tomar un aperitivo sin _____________.
5. schlecht aussehen > tener mal aspecto / tener ________ cara
6. Mein Wagen ist beschädigt. > Mi coche está ___________.
7. mein alter Lehrer > mi antiguo _______________
8. Bestellen Sie mir bitte ein Taxi. > ______ favor, pídame un taxi.
9. sich den Magen verderben > echarse a ___________ el estómago / estropearse el estómago
10. Die Nummer ist besetzt. > El número está _______________.
11. ins Theater gehen / das Theater besuchen > ir al ___________
12. Folgen Sie der Straßenbahnlinie. > _______ la línea del tranvía.
13. Volltanken mit Super. > Lléneme el depósito con gasolina _________.
14. von links nach rechts > de izquierda a _____________
15. trocken aufbewahren > conservar en un lugar_______
16. Ist eine Sauna vorhanden? > ¿Hay un _________?
17. Staub wischen > quitar el _________ / sacudir
18. Bücher aus zweiter Hand > libros ______ / libros de segunda mano
19. Rufen Sie mich an, wenn es Schwierigkeiten gibt. > Llámeme usted por teléfono si _________________ dificultades.
20. zufrieden sein mit > estar _______________ con

Welches Wort passt nicht in die Reihe?

1. cepillo - crema - peine - ~~tenedor~~
2. papel - jardín - cerca - terraza
3. ordenador - cinturón - guante - camisa
4. Dinamarca - Suecia - Finlandia - Grecia
5. Alemania - Austria - Suiza - Polonia
6. Chile - Argentina - Brasil - Uruguay
7. diciembre - verano - otoño - invierno
8. discoteca - respuesta - fábrica - cementerio
9. alce - elefante - nieto - zorro
10. ventana - muralla - suelo - médico
11. Gran Bretaña - Irlanda - Islandia - Córcega
12. abuelo - hijo - nacimiento - padre
13. pepino - zanahoria - patatas - cine
14. león - tigre - leopardo - gato
15. niño - brazo - estómago - cuello
16. iglesia - museo - mesa - grandes almacenes
17. rodilla - boca - oreja - nariz
18. calcetines - corbata - abrigo - lana
19. marzo - jueves - viernes - sábado
20. mayo - primavera - junio - julio

TEST 89 Wie heißt das Gegenteil (Antonym)?

aficionado anchura calentamiento ciudad claridad
desgana destinatario discordia diversión exterior
fracaso inteligencia mentira niño ~~ofrecimiento~~
pérdida plural prohibición proximidad sensatez

1. la petición : el ofrecimiento
2. la lejanía : la ________________
3. el pueblo : la ________________
4. la tontería : la ________________
5. la estupidez : la ________________
6. la oscuridad : la ________________
7. la concordia : la ________________
8. el singular : el ________________
9. el remitente : el ________________
10. la estrechez : la ________________
11. el éxito : el ________________
12. el permiso : la ________________
13. el aburrimiento : la ________________
14. la verdad : la ________________
15. el adulto : el ________________
16. la ganancia : la ________________
17. el enfriamiento : el ________________
18. el entusiasmo : la ________________
19. el profesional : el ________________
20. el interior : el ________________

Setzen Sie ein.

~~arriba~~ bueno clavo colocación curso encontrar error estamos este frente manera mi muy otro parado ponerse por quién Seguro Tengo

1. da oben > allí arriba
2. Das ist keine Kunst. > Esto no es nada del _______ mundo.
3. Ich habe es eilig. > _________ prisa.
4. Welchen Tag haben wir heute? > ¿A qué día _____________ hoy?
5. den Mantel anziehen > _____________ el abrigo
6. dicht bei / ganz in der Nähe von > _____ cerca de
7. Die Uhr steht. > El reloj está ___________.
8. Wie lange halten Sie sich in diesem Land auf? > ¿Cuánto tiempo se quedará en _______ país?
9. ein krummer Nagel > un _________ torcido
10. eine Stelle erhalten > obtener una ___________________ / un empleo
11. einen Kurs besuchen / an einem Kurs teilnehmen > asistir a un _________
12. an der Spitze stehen > estar al ___________
13. Wo finde ich ein Taxi? > ¿Dónde puedo __________ un taxi?
14. Er kommt bestimmt. / Er wird sicher kommen. > _________ que viene.
15. Grüßen Sie ihn von mir. > Salúdelo / Déle recuerdos de ____ parte.
16. Es ist etwas falsch. / Etwas stimmt nicht. > Hay algún _________.
17. etwas Gutes > algo _________
18. Zu wem wollen Sie? > ¿A _________ quiere ver?
19. auf seine Art > a su _________
20. durch vier teilen > dividir _______ cuatro

TEST 91 Setzen Sie ein.

caracteriza comercio como con cuales dulce es está fronteras peligrosos pero población que seco volcanes y

Nicaragua

Nicaragua _está_ (1) situada en la América Central ístmica. Posee ________ (2) marítimas con los océanos Atlántico y Pacífico, lo que facilita las comunicaciones y el ________ (3) con países de todos los continentes, y fronteras terrestres ________ (4) Honduras y Costa Rica. Su extensión ________ (5) de 130 000 Km^2.
La ________ (6) de Nicaragua asciende a más de 3 millones de habitantes, entre los cuales predomina la población urbana, ____ (7) se concentra en la parte occidental. La población nicaragüense se ________ (8) por su gran mestizaje. En ella conviven diversos grupos de indios, entre los que destacan los misquitos, los ______ (9) constituyen una nacionalidad.
Abundan los recursos naturales, ________ (10) su explotación es muy limitada. El relieve de Nicaragua es variado _______ (11) pintoresco. Posee un importante sistema volcánico, que se inicia con 1 169 m en el Cosigüina y llega, en el San Cristóbal, a los 1 690 m; otros ________ (12) de este sistema son el Momotombo, el Mombacho y el Concepción. Su clima es cálido, húmedo en la costa atlántica y más ________ (13) en la costa del Pacífico. Cuenta con numerosas lagunas y extensos lagos, ________ (14) el lago de Managua y el de Nicaragua, único lago de agua ________ (15) del mundo donde habitan ________ (16) tiburones.

Finden Sie die logische Entsprechung, indem Sie die Buchstaben in die richtige Reihenfolge setzen.

1. Helsinki : Finlandia = Dublín : [rdanlaI] Irlanda
2. Praga : Chequia = Bratislava : [uasoavliEq] ______________
3. oval : forma = lila : [oocrl] ______________
4. parada de autobús : autobús = estación de trenes : [nret] ________
5. pie : dedo = mano : [eodd] ______________
6. delgado : gordo = aplicado : [eeoozsrp] ______________
7. árbol : vegetal = pez : [mnlaai] ______________
8. escopeta : cazar = caña de pescar : [ercpsa] ______________
9. pared : papel mural = mesa : [atlemn] ______________
10. árbol : corteza = huevo : [ácrcasa] ______________
11. peces : acuario = vacas : [alsebto] ______________
12. cristianismo : Biblia = islam : [áoCnr] ______________
13. roca : piedra = agua : [aogt] ______________
14. pájaro : pico = hombre : [oacb] ______________
15. Sudáfrica : diamantes = Arabia Saudita : [oerlótpe] __________
16. esquí : nieve = patines : [ilheo] ______________
17. carta : correos = dinero : [acbon] ______________
18. tres : seis = doce : [utoneiviatrc] ______________
19. pantalón : pernera = camisa : [agmna] __________
20. caballo : hierba = león : [narce] ______________

TEST 93 Setzen Sie ein.

acusamos Atención caducado dañado dejar ~~despertarse~~ detengáis enfadado hasta ladrón lejos llave nacimiento pesar Quiero retener sentarse tamaño vender vida

1. wach werden > despertarse __________
2. Haltet den Dieb! > ¡Al __________!
3. Das Fahrzeug ist beschädigt. > El vehículo está __________.
4. nass bis auf die Haut > calado __________ los huesos
5. Ich hätte gern ein Omelett. > __________ / Me gustaría comer una tortilla.
6. Achtung, Feuergefahr! > ¡__________, peligro de incendio!
7. schweren Herzens > muy a __________ mío
8. Geburtsort und -tag > lugar y día de __________
9. jemandem böse sein > estar __________ con una persona
10. Ihr Schreiben haben wir erhalten. > Por la presente __________ recibo de su carta.
11. sich in den Wagen setzen / ins Auto steigen > entrar / __________ al coche
12. Nicht stehenbleiben! > ¡No os __________!
13. Sie dürfen den Wagen hier nicht stehenlassen. > No puede __________ aquí su coche.
14. Dieser Pass ist abgelaufen. > Este pasaporte ha __________.
15. mit Gewinn verkaufen > __________ con beneficio / con ganancia
16. Bitte den Schlüssel für Zimmer ... . > Déme la __________ de la habitación ... por favor.
17. im Gedächtnis behalten / sich etwas merken / etwas behalten > __________ en la memoria
18. ums Leben kommen > perder la __________
19. in der Ferne / weit weg > a lo __________
20. Könnten wir einen mittelgroßen Hund mitbringen? > ¿Podemos llevar un perro de __________ mediano?

Finden Sie Nomen mit ähnlicher Bedeutung (Synonyme). **TEST 94**

alimentación anteojos brisa cabellos carencia cólera cuaderno delito diversión encendedor fortuna hermosura modificación oración pelea poema senda ~~tranquilidad~~ vehículo velocidad

1. silencio : tranquilidad
2. entretenimiento : ______________
3. suerte : ______________
4. crimen : ______________
5. riña : ______________
6. cambio : ______________
7. ira : ______________
8. belleza : ______________
9. aire : ______________
10. libreta : ______________
11. pelo : ______________
12. rezo : ______________
13. poesía : ______________
14. camino : ______________
15. automóvil : ______________
16. falta : ______________
17. mechero : ______________
18. gafas : ______________
19. nutrición : ______________
20. rapidez : ______________

TEST 95 Kreuzworträtsel

WAAGERECHT

1 El turismo es la p******** fuente de ingresos de esta isla.

6 Haré todo lo que p****.

9 Espero que el examen no s** muy difícil.

10 ¿Qué haces? –Estoy m****** la televisión.

11 E** chica es amiga de Teresa.

12 El verbo correspondiente al sustantivo 'realización' es 'r*******'.

14 'Querer' es un sinónimo de 'd*****'.

17 El sustantivo correspondiente al verbo 'pasar' es 'p***'.

18 Si tienes algún problema, me puedes t********* a este número.

20 De amable, amablemente, de serio, s*********.

21 ¿Cuándo vendrá Antonio? –¡Quién s***!

23 ¿Tienes un piso p*****? –No, vivo de alquiler.

24 'Enojado' es un sinónimo de 'e*******'.

27 En el parque nos sentamos junto al lago, justo al r** del agua.

29 Tomo un medicamento contra los d****** musculares.

30 Toma, tu bolígrafo. –No, éste no es el m**.

31 ¿Vendrán María y Juan esta noche? –No, a e**** no les gusta la ópera.

32 No podemos sentarnos en este compartimento: está r********.

SENKRECHT

1 El verbo correspondiente al sustantivo 'peso' es 'p****'.

2 Quisiera un billete a Pamplona de i** y vuelta.

3 ¿Hay por aquí alguna oficina de c***** de moneda?

4 'Quedarse' es un sinónimo de 'p*********'.

5 Esta noche hay l*** llena.

6 Mi marido es p******* de Filosofía en la Universidad de Salamanca.

7 E** chico es hermano de Teresa.

8 En el autobús hay que a******** fuerte para no caer.

13 Lo que dices no tiene ningún sentido, es totalmente a******.

15 El femenino de 'elevado' es 'e******'.

16 'C********* de personas' significa 'cientos de personas'.

17 Sin p******** no se puede viajar a Turquía.

19 En la heladería tienen helados de sabores v*******.

22 'Provocar' o 'motivar' son sinónimos de 'c*****'.

25 El o**** es la mejor época del año para viajar.

26 El verbo correspondiente al sustantivo 'olor' es 'o***'.

28 Tomar el s** sin protección es peligroso.

30 Tu familia no se parece en nada a la m**.

TEST 96 Was kann man mit dem Mund machen?

1. beber
2. b_sar
3. b_stezar
4. c_ntar
5. c_mer
6. _scupir
7. h_blar
8. l_mer
9. m_mar
10. m_scar
11. m_rder
12. r_ír
13. r_ncar
14. s_nreír
15. s_plar
16. s_surrar
17. t_ser

Wie heißt das Gegenteil (Antonym)?

ahorro castigo cierre cobro confianza demanda fin importación ~~joven~~ lentitud negación niñez paciente quietud regla respuesta riqueza salida sucesor valle

1. el anciano : el joven
2. la vejez : la ______________
3. el antecesor : el ______________
4. el principio : el ______________
5. la oferta : la ______________
6. el miedo : la ______________
7. la pregunta : la ______________
8. la pobreza : la ______________
9. el médico : el ______________
10. la rapidez : la ______________
11. la exportación : la ______________
12. el gasto : el ______________
13. la entrada : la ______________
14. la excepción : la ______________
15. la apertura : el ______________
16. el pago : el ______________
17. la afirmación : la ______________
18. la recompensa : el ______________
19. la montaña: el ______________
20. el movimiento : la ______________

TEST 98 Finden Sie die logische Entsprechung.

caballo cocinar continente cuero dulce inteligencia joven lavar llorar longitud montaña morder nariz ~~nido~~ notas pintar redondo río techo triste

1. ratón : ratonera = pájaro : nido
2. foto : fotografiar = cuadro : ______________
3. elefante : trompa = hombre : ______________
4. jersey : lana = cinturón : ______________
5. cortés : cortesía = inteligente : ______________
6. Bélgica : país = Europa : ______________
7. automóvil : motor = diligencia : ______________
8. blanco : negro = alegre : ______________
9. alegría : reír = dolor : ______________
10. Islandia : isla = Alpes : ______________
11. Atlántico : océano = Rin : ______________
12. cuadrado : anguloso = círculo : ______________
13. mostaza : picante = azúcar : ______________
14. anciano : viejo = bebé : ______________
15. lavadora : lavar = cocina : ______________
16. plancha : planchar = lavaplatos : ______________
17. alfombra : suelo = lámpara : ______________
18. escritura : letras = música : ______________
19. mosquito : picar = serpiente : ______________
20. kilo : peso = metro : ______________

Beginnen Sie mit dem Wort für „Maus“. Können Sie dann andere Tiere passend hinzufügen?

caballo cabra cerdo conejo cordero gallina gallo ganso gato oveja paloma pato pavo perro poni rata ~~ratón~~ ternero

TEST 100 Schreiben Sie den Text mit Leerzeichen und Satzzeichen.

FERTILIDAD

HACEUNOSQUINIENTOSAÑOSVIVIÓENALEMANIAUNAMUJERQUEF
UELAQUETUVOMÁSHIJOSDELPAÍSENLATUMBADEESTASEÑORASE
PUEDELEERQUEPARIÓ38NIÑOSY15NIÑASESDECIRTRAJO53BEB
ÉSALMUNDODESDELUEGOFUERONMENOSQUEENELCASODEUNACAM
PESINARUSADELAQUESEAFIRMAQUETUVOUNTOTALDE69HIJOSS
INEMBARGOLOSHIJOSDELAMADREALEMANANACIERONCOMOCUA
TRILLIZOSTRILLIZOSOMELLIZOSDESGACIADAMENTESEDESCON
OCECUÁNTOSDEELLOSSOBREVIVIERON

LÖSUNGEN

TEST 1:

1. lunes - martes - miércoles - jueves - viernes - sábado - domingo.

2. enero - febrero - marzo - abril - mayo - junio - julio - agosto - septiembre - octubre - noviembre - diciembre.

3. primavera - verano - otoño - invierno.

TEST 2:

1. verdura **2.** país **3.** cubierto **4.** Dinamarca **5.** bebida **6.** pata **7.** beber **8.** coches **9.** champú **10.** tornillo **11.** nadar **12.** hija **13.** ternero **14.** escenario **15.** raqueta **16.** papelera **17.** servilleta **18.** desierto **19.** pintor **20.** oscuridad

TEST 3:

1. equivoca **2.** merece **3.** otra **4.** traje **5.** asciende **6.** tener **7.** llamar **8.** semana **9.** vale **10.** amigo **11.** claro **12.** hablar **13.** filmar **14.** en **15.** en **16.** llamar **17.** Dónde **18.** sólo **19.** cuesta **20.** sobre

TEST 4:

1. los brazos **2.** los dientes **3.** la cabeza **4.** los labios **5.** el puño **6.** la nariz **7.** los ojos **8.** los oídos **9.** los huesos **10.** el corazón **11.** la mano **12.** el dedo **13.** la piel **14.** los cabellos **15.** la barba **16.** el cuello **17.** los pulmones **18.** los músculos **19.** el pie **20.** las piernas

TEST 5:

1. Falso
2. Verdadero
3. Falso
4. Falso
5. Verdadero
6. Falso
7. Verdadero
8. Falso
9. Falso
10. Falso
11. Verdadero
12. Falso
13. Falso
14. Falso
15. Verdadero
16. Falso
17. Falso
18. Verdadero
19. Verdadero

TEST 6:

1. dicho **2.** agua **3.** en **4.** tocar **5.** cumplir **6.** comida **7.** Tanto **8.** esta **9.** separarse **10.** entrada **11.** gran **12.** Permanezca **13.** aire **14.** peor **15.** pedazos **16.** hospital **17.** poco **18.** interés **19.** cinco **20.** memoria

TEST 7:

[1]V	I	[2]T	A	[3]L		[4]I	M	[5]P	R	[6]E	S	[7]I	Ó	[8]N
E		O		I		R		E		X		D		U
[9]N	O	S		[10]M	E	M	O	R	I	A		[11]A	Ú	N
D				P		E		S		C				C
[12]E	L	[13]E	G	I	R		[14]T	O	R	T	I	[15]L	L	A
D		S		A		[16]I		N		A		A		
[17]O	C	C	I	D	E	N	T	A	L		[18]O	T	R	[19]A
R		A		O		V		L		[20]A		E		L
[21]A	L	L	Á		[22]D	I	V	E	R	T	I	R	S	E
		Ó		[23]O		T		S		R		A		G
[24]C	O	N	E	C	T	A	R		[25]H	A	B	L	A	R
O				U		C		[26]D		S				A
[27]S	U	[28]S		[29]P	R	I	M	E	R	A		[30]D	A	R
A		E		A		Ó		B		D		O		S
[31]S	O	R	P	R	E	N	D	E		[32]O	E	S	T	E

TEST 8:

1. encuentra **2.** Portugal **3.** al **4.** montes **5.** separan **6.** mar **7.** océano **8.** el **9.** provincias **10.** Baleares **11.** país **12.** islas **13.** Capital **14.** se **15.** jefe **16.** habitantes **17.** más **18.** Juegos **19.** otras **20.** está **21.** clima **22.** lleno **23.** lugares **24.** a **25.** turistas **26.** fuentes

TEST 9:

1. estoy **2.** Descuide **3.** pico **4.** otra **5.** quiere **6.** prisa **7.** comer **8.** carta **9.** verano **10.** confianza **11.** habitaciones **12.** seguro **13.** turno **14.** de **15.** asiento **16.** gasolina **17.** Dónde **18.** desempleado **19.** Falta **20.** miedo

TEST 10:

1. oír **2.** cortar **3.** agua **4.** pequeño **5.** leer **6.** solucionar **7.** freír **8.** alemán **9.** gafas **10.** mueble **11.** calefacción **12.** avión **13.** botón **14.** pobre **15.** peluquero **16.** acostarse **17.** guante **18.** pared **19.** tenedor **20.** copa

TEST 11: Fragepronomen (Pronombres interrogativos)

1. Quién **2.** A quién **3.** A quién **4.** De quién **5.** Dónde **6.** Adónde **7.** De dónde **8.** Cuánto **9.** Cuántos **10.** Qué **11.** Cuál **12.** Cómo **13.** A qué **14.** Cuántas **15.** Cuánto

TEST 12:

1. lados **2.** nadie **3.** caída **4.** reloj **5.** desde **6.** persona **7.** otros **8.** setenta **9.** esforzarse **10.** canción **11.** persona **12.** allá **13.** reunión **14.** asistir **15.** mes **16.** medio **17.** menor **18.** Estoy **19.** que **20.** hacia

TEST 13:

1.	pared	papel pintado	**I.**	Berlín	ciudad
2.	mano	dedo	**II.**	tiempo	nieve
3.	raqueta	pelota de tenis	**III.**	noche	oscuridad
4.	lámpara	bombilla	**IV.**	sed	agua
5.	plátano	frutero	**V.**	botella	corcho
a.	traje	corbata	**A.**	árbol	rama
b.	ordenador	ratón (mouse)	**B.**	televisión	programa
c.	pelota	gol	**C.**	pan	rebanada
d.	libro	página	**D.**	pierna	pie
e.	café	azúcar	**E.**	gramática	regla

TEST 14:

1. lluvia **2.** llegada **3.** mejicano **4.** seco **5.** gasolina **6.** equipo **7.** cabeza **8.** ver **9.** universo **10.** foto **11.** Indonesia **12.** Brasil **13.** árabe **14.** estrofa **15.** arquitectura **16.** agua **17.** nata **18.** aspiradora **19.** hígado **20.** coche

TEST 15:

1. equivocado **2.** ver **3.** beber **4.** limón **5.** prisa **6.** en **7.** envío **8.** previsión **9.** precios **10.** es **11.** su **12.** tú **13.** Acepta **14.** fue **15.** nació **16.** mediano **17.** consejo **18.** radio **19.** pagar **20.** tardes

TEST 16:

1. A Dios rogando y con el mazo dando.
2. A palabras necias, oídos sordos.
3. A quien Dios no le da hijos, el diablo le da sobrinos.
4. Quien a feo ama, bonito le parece.
5. Al que madruga, Dios le ayuda.
6. A río revuelto, ganancia de pescadores.
7. Agua pasada no mueve molino.
8. Al mal tiempo, buena cara.
9. Cuando el río suena, agua lleva.
10. Dime de lo qué presumes y te diré de lo qué careces.
11. Donde fueres, haz lo que vieres.

TEST 17:

1. discutible **2.** del **3.** harto **4.** gustaría **5.** palanca **6.** parada **7.** lo **8.** zapatos **9.** sienta **10.** partida **11.** pisos **12.** encender **13.** lanzar **14.** segundo **15.** ciudad **16.** estar **17.** Vale **18.** Empieza **19.** suelo **20.** por

TEST 18:

[1]P	E	[2]D	I	[3]R		[4]D	I	[5]R	E	[6]C	C	[7]I	Ó	[8]N
A		A		E		É		E		A		D		U
[9]C	O	N		[10]C	O	M	E	T	E	R		[11]A	Ú	N
I				O		E		R		G				C
[12]E	S	[13]P	E	R	A		[14]G	A	N	A	N	[15]C	I	A
N		Ó		R				S		R		I		
[16]C	A	R	R	E	T	[17]E	R	A			[18]L	E	E	[19]R
I		T		R		S		D		[20]D		R		E
[21]A	M	A	N			[22]P	R	O	Y	E	C	T	O	S
		T		[23]F		E				T		A		F
[24]P	R	E	F	I	E	R	O		[25]C	A	U	S	A	R
O				L		A		[26]C		L				I
[27]N	O	[28]S		[29]M	I	N	E	R	A	L		[30]D	Í	A
E		U		A		Z		E		E		A		D
[31]R	E	S	E	R	V	A	D	O		[32]S	O	R	B	O

TEST 19:

1. equitación
2. merienda
3. mariscos
4. ardilla
5. horóscopo
6. lengua
7. estilo arquitectónico
8. metro
9. juicio
10. árbol
11. pfennig
12. escarabajo
13. lapicero
14. Galicia
15. pizza
16. cereales
17. campesino
18. rectangular
19. molino
20. piedra

TEST 20:

1. de **2.** habla **3.** fue **4.** nuevas **5.** Méjico **6.** más **7.** Península **8.** el **9.** tiene **10.** está **11.** e **12.** fundada **13.** la **14.** ciudades **15.** por **16.** agradable **17.** promedio **18.** amantes **19.** atractivo **20.** planeta **21.** alemán **22.** considerado

TEST 21:

1. verdura **2.** viene **3.** invitados **4.** quemar **5.** hagas **6.** tomado **7.** aperitivo **8.** líneas **9.** consejo **10.** Perdone **11.** pelo **12.** vuelta **13.** hasta **14.** lágrimas **15.** lave **16.** placer **17.** trabajo **18.** servicio **19.** severo **20.** andando

TEST 22:

1. cerveza **2.** cerilla **3.** químico **4.** Asia **5.** ácido **6.** fruta **7.** día **8.** páginas **9.** cristianismo **10.** planchar **11.** libros **12.** bajo **13.** Austria **14.** perro **15.** semana **16.** hermano **18.** collar **19.** rojo **20.** dentista **21.** Sur

TEST 23:

1.	mentón	barba	**I.**	árbol	madera
2.	iglesia	Papa	**II.**	cara	nariz
3.	rayo	trueno	**III.**	pregunta	respuesta
4.	vino	copa	**IV.**	juez	sentencia
5.	automóvil	gasolina	**V.**	causa	efecto

a.	camisa	cuello	**A.**	calefacción	calor
b.	deporte	olimpiada	**B.**	libro	autor
c.	cielo	nube	**C.**	dinero	monedero
d.	música	melodía	**D.**	vivienda	alquiler
e.	cruce	semáforo	**E.**	partidos	elecciones

TEST 24:

1. facturar **2.** muy **3.** quieres **4.** ponerse **5.** camino **6.** quitarse **7.** permitida **8.** ganar **9.** declaración **10.** favorable **11.** dar **12.** de **13.** tarde **14.** duele **15.** lo **16.** día **17.** mucho **18.** dolor **19.** estar **20.** broma

TEST 25:

1. muerte **2.** obediencia **3.** primavera **4.** aspirina **5.** crítica **6.** frío
7. seta **8.** panadero **9.** apagar **10.** miedo **11.** botón **12.** azul
13. monje **14.** acabar **15.** arroz **16.** sello **17.** quemarse **18.** tren
19. silla **20.** vela

TEST 26:

1. LIECHTENSTEIN **2.** LUXEMBURGO **3.** YUGOSLAVIA **4.** ESLOVAQUIA
5. FINLANDIA **6.** ESLOVENIA **7.** DINAMARCA **8.** PORTUGAL **9.** ISLANDIA
10. BULGARIA **11.** ALEMANIA **12.** TURQUÍA **13.** RUMANIA **14.** POLONIA
15. NORUEGA **16.** IRLANDA **17.** HUNGRÍA **18.** HOLANDA **19.** FRANCIA
20. CHEQUIA **21.** CROACIA **22.** BÉLGICA **23.** AUSTRIA **24.** ALBANIA
25. SUECIA **26.** ITALIA **27.** GRECIA **28.** ESPAÑA **29.** CHIPRE **30.** BOSNIA
31. SUIZA **32.** RUSIA

TEST 27:

[1] C	A	[2] Z	A	[3] R	■	[4] P	[5] E	[6] R	M	I	[7] T	I	D	[8] A
O	■	A	■	E	■	[9] U	N	A	■	■	Í	■	■	G
R	■	[10] P	A	S	A	R	■	[11] S	U	[12] P	O	[13] N	E	R
[14] D	Í	A	■	T	■	O	■	■	■	I	■	O	■	I
I	■	[15] T	R	A	S	■	[16] D	[17] E	S	E	A	R	Í	A
A	■	O	■	N	■	[18] P	■	M	■	L	■	T	■	■
[19] L	[20] E	S	■	[21] T	I	E	[22] M	P	O	■	[23] S	E	[24] I	[25] S
[26] E	S	■	■	E	■	[27] S	A	L	■	[28] P	■	■	[29] D	A
[30] S	E	[31] C	O	■	[32] M	A	L	E	T	A	■	[33] P	A	N
■	■	A	■	[34] G	■	D	■	O	■	L	■	A	■	G
[35] S	O	P	O	R	T	A	R	■	[36] C	A	E	R	■	U
E	■	A	■	A	■	■	■	[37] A	■	B	■	[38] A	H	Í
[39] R	A	Z	[40] O	N	E	[41] S	■	[42] T	I	R	A	R	■	N
L	■	■	Í	■	■	[43] E	[44] S	A	■	A	■	S	■	E
[45] E	M	P	R	E	N	D	E	R	■	[46] S	U	E	L	O

TEST 28:

1. abrelatas **2.** Tierra **3.** adelgazar **4.** ataque **5.** agradecimiento **6.** agua **7.** sobre **8.** zapatos **9.** correa **10.** aleta **11.** jardín **12.** adobo **13.** sótano **14.** melodía **15.** despertarse **16.** rechazar **17.** permiso **18.** poeta **19.** besar **20.** Egipto

TEST 29:

1. aprender
2. profesor
3. semáforo
4. papel
5. nariz
6. médico
7. sol
8. vecino
9. aparcamiento
10. tráfico
11. torre
12. estar
13. cuerpo
14. sillón
15. sopa
16. revista
17. tranvía
18. vajilla
19. tiempo
20. salto de longitud

TEST 30:

1. camisa **2.** su **3.** realidad **4.** punto **5.** callar **6.** Disculpe **7.** alemán **8.** presente **9.** cinco **10.** tiempo **11.** feliz **12.** recibido **13.** encontrar **14.** calle **15.** podría **16.** En **17.** siete **18.** máquina **19.** apretar **20.** cama

TEST 31:

1. el silencio : el ruido
2. la fertilidad : la infertilidad
3. la mayoría : la minoría
4. la imperfección : la perfección
5. la madre : la hija
6. el día : la noche
7. la ventaja : la desventaja
8. la sobrina : la tía
9. el norte : el sur
10. el hijo : el padre
11. el orden : el desorden
12 .el oeste : el este
13. la sombra : la luz
14. el suegro : el yerno
15. la sensatez : la insensatez
16. el verano : el invierno
17. la partida : la meta
18. la culpabilidad : la inocencia
19. la compra : la venta
20. el rechazo : la aceptación

TEST 32:

1. manillar **2.** calzada **3.** Rumania **4.** leche **5.** cáscara **6.** frontera **7.** luz **8.** muerto **9.** temperatura **10.** pacientes **11.** trabajar **12.** ver **13.** día **14.** escuchar **15.** joyería **16.** puente **17.** Bulgaria **18.** chocolate **19.** tarde **20.** España

TEST 33:

1. comprendido 2. llorar 3. llamo 4. deudas 5. comparación 6. hogar 7. costumbre 8. aman 9. cantidad 10. fácil 11. cincuenta 12. habitación 13. pases 14. serio 15. llorar 16. agua 17. Trabaja 18. recién 19. claro 20. puntual

TEST 34:

1. pisada 2. claridad 3. incertidumbre 4. tenedor 5. iglesia 6. hojas 7. importar 8. caja 9. paz 10. boca 11. corbata 12. fumar 13. escopeta 14. Centroamérica 15. cardenal 16. discurso 17. florero 18. tiritar 19. vídeos 20. cosechar

TEST 35:

1 P	L	2 A	N	3 C	H	4 E		5 C		6 V	I	7 G	O	R
L		U		E		S		O		A		E		
8 A	B	R	E	N		9 E	S	P	E	R	A	N	Z	10 A
N		I		T		N		A		I		T		P
11 O	S	C	U	R	E	C	E		12 P	A	D	E	C	E
		U		O		I		13 G		D				G
14 P	A	L	O		15 P	A	16 S	A	D	O		17 D	Í	A
O		A		18 E		19 L	O	S		S		I		D
20 D	A	R		21 F	R	E	N	O	S		22 L	E	Ñ	A
E				E		S		L		23 L		C		
24 M	É	25 D	I	C	O		26 D	I	V	I	D	I	D	27 O
O		I		T		28 U		N		B		O		T
29 S	I	G	U	I	E	N	T	E		30 R	E	C	T	O
		A		V		A		R		A		H		Ñ
31 L	I	S	T	O		S		32 A	N	S	I	O	S	O

LÖSUNGEN

TEST 36:

1. AMARILLO 2. NARANJA 3. BLANCO 4. SALMÓN 5. MARRÓN 6. NEGRO 7. VERDE 8. ROJO 9. ROSA 10. LILA 11. GRIS 12. AZUL

TEST 37:

1. estirar : encoger
2. alargar : acortar
3. negar : afirmar
4. quedarse : irse
5. sentarse : levantarse
6. acercarse : alejarse
7. saber : ignorar
8. comprar : vender
9. errar : acertar
10. adelantar : atrasar
11. ayunar : comer
12. odiar : amar
13. permitir : prohibir
14. aburrir : entretener
15. caerse : levantarse
16. emigrar : inmigrar
17. empobrecer : enriquecer
18. encontrar : buscar
19. vaciar : llenar
20. avanzar : retroceder

TEST 38:

1. antipático
2. sombrero
3. sombrero
4. viento
5. prisa
6. césped
7. rincón
8. manta
9. bostezar
10. niños
11. bufanda
12. cielo
13. botella
14. cabra
15. visitar
16. azucarero
17. aguardiente
18. televisor
19. cigarrillo
20. máquinas

TEST 39:

1. cabo 2. solo 3. amable 4. decidido 5. humor 6. espalda 7. pelea 8. mismo 9. escapar 10. Estados 11. medio 12. viaje 13. echar 14. calor 15. largo 16. regla 17. cambiado 18. urgente 19. importa 20. atravesar

TEST 40:

1. Falso
2. Falso
3. Verdadero
4. Falso
5. Verdadero
6. Verdadero
7. Falso
8. Verdadero
9. Falso
10. Verdadero
11. Falso
12. Verdadero
13. Verdadero
14. Verdadero
15. Verdadero
16. Falso
17. Falso
18. Verdadero
19. Falso
20. Falso

TEST 41:

(1) extremo **(2)** océano **(3)** Perú **(4)** Oeste **(5)** al **(6)** superficie **(7)** habitantes **(8)** capital **(9)** altura **(10)** por **(11)** numerosas **(12)** continente **(13)** que **(14)** hasta **(15)** configuran **(16)** viajero **(17)** fundada **(18)** ciudades **(19)** España **(20)** piratas

TEST 42:

1. cuándo **2.** Al **3.** Se **4.** con **5.** lentes **6.** llamar **7.** adelante **8.** izquierda **9.** pinchada **10.** romperse **11.** camino **12.** Que **13.** Póngame **14.** ofrecerles **15.** remolquen **16.** nacimiento **17.** otra **18.** alto **19.** acudir **20.** Adiós

TEST 43:

1. ancho : amplio
2. evidente : obvio
3. gordo : obeso
4. derecho : recto
5. tonto : bobo
6. urgente : apremiante
7. loco : demente
8. oscuro : sombrío
9. flaco : delgado
10. seco : árido
11. llano : plano
12. verdadero : auténtico
13. sencillo : simple
14. monótono : aburrido
15. frágil : delicado
16. estrecho : angosto
17. distante : lejano
18. apartado : alejado
19. inútil : ineficaz
20. exacto : preciso

TEST 44:

1 Q	U	2 E		3 U	4 S	5 T	E	6 D		7 S	O	8 M	O	9 S
U		N		10 S	E	A		I		O		O		O
11 E	N	T	R	A		12 N	E	C	E	S	I	T	A	R
M		E		R				E		T		O		P
13 A	T	R	A	S	A	14 D	O		15 C	E	R	R	A	R
		A		E		E		16 V		N				E
17 P	E	R	O		18 S	U	19 C	E	D	E		20 D	A	N
R		S		21 O		D	22 O	S		R		I		D
23 E	S	E		24 C	U	A	N	T	O		25 É	S	T	E
S				U		S		I		26 U		T		
27 E	N	28 T	E	R	O		29 P	R	E	S	T	A	D	30 O
N		A		R		31 A				A		N		T
32 C	O	R	D	I	A	L	E	33 S		34 D	I	C	H	O
I		T		D		G		35 U	36 N	O		I		Ñ
37 A	T	A	D	O		38 O	T	R	O	S		39 A	Ñ	O

TEST 45:

1. alcanzar **2.** depende **3.** como **4.** Nací **5.** tomo **6.** Vaya **7.** correr **8.** gripe **9.** mayores **10.** torcido **11.** debilidad **12.** llevar **13.** borde **14.** sentido **15.** Todavía **16.** va **17.** cinco **18.** Podría **19.** derecha **20.** beber

TEST 46:

1. pájaro **2.** mojar **3.** tienda **4.** piedra **5.** pueblo **6.** escoba **7.** cocina **8.** día **9.** granja **10.** hilo **11.** alcalde **12.** olla **13.** arte **14.** continente **15.** vodka **16.** envidia **17.** presente **18.** blanco **19.** arrogancia **20.** trapo

TEST 47:

1. erróneo : equivocado
2. libre : independiente
3. amable : atento
4. simpático : agradable
5. dichoso : feliz
6. alegre : contento
7. franco : sincero
8. ameno : entretenido
9. cómico : gracioso
10. temeroso : miedoso
11. entero : íntegro
12. sano : ileso
13. lleno : repleto
14. torpe : patoso
15. cierto : verdadero
16. prudente : cauto
17. quieto : inmóvil
18. tranquilo : sereno
19. irritado : nervioso
20. común : corriente

TEST 48:

1. lento **2.** litros **3.** tres **4.** ningún **5.** taxi **6.** cortarse **7.** gran **8.** funcionan **9.** conducir **10.** viajar **11.** pedir **12.** lento **13.** dirección **14.** alguien **15.** Atienda **16.** año **17.** demasiado **18.** siento **19.** ser **20.** Buen

TEST 49:

1. escritorio
2. tambores
3. música
4. pegamento
5. precio
6. alfombra
7. mostaza
8. tos
9. beso
10. áspero
11. conocer
12. comunismo
13. bicicleta
14. oveja
15. equitación
16. caviar
17. correr
18. ratón
19. cuenta
20. manillar

TEST 50:

a) Juan quiere saber cuál será su futuro y por eso va a consultar con una adivina.
b) Ésta observa durante un rato la bola de cristal y entonces le dice a Juan:
c) "Usted va a ser un hombre rico si hace lo que yo le indique."
d) "Espere hasta que haya una clara noche de luna llena."
e) "A medianoche vaya al cementerio antiguo."
f) "Tome una pala y comience a cavar en busca de un tesoro."
g) "El tesoro está a algunos metros de profundidad."
h) "Si cuando esté cavando piensa en una sopa de fideos, no lo encontrará."
i) Juan se alegra por el tesoro que va a encontrar y se compra una pala.
j) La primera noche de luna llena comienza su trabajo.
k) De pronto tira la pala y exclama:
l) "¡Demonios! En mi vida he pensado en una sopa de fideos."
m) "Y ahora no hay manera de sacarme la sopa de fideos de la cabeza."

TEST 51:

1. pregunto **2.** ser **3.** despiérteme **4.** tren **5.** Alemania **6.** toda **7.** allí **8.** te **9.** huevo **10.** mal **11.** taza **12.** clavar **13.** llamar **14.** la **15.** clase **16.** Sabe **17.** menos **18.** Me **19.** caza **20.** sin

TEST 52:

él está en la gloria	él es muy feliz
él vio los cielos abiertos	él encontró la solución al problema
él le tomó el pelo	él la engañó
él mandó todo al diablo	él lo abandonó todo
él está jugando con fuego	él está metido en un asunto peligroso
él habla con el corazón en la mano	él habla con franqueza
él se quita el sombrero ante ella	él la admira
él está tirando la casa por la ventana	él está gastando mucho el dinero
él se ha llevado las palmas	él se ha llevado todos los méritos
él tiene buena mano	él es hábil
él nunca da brazo a torcer	él defiende algo con obstinación
él está en el ajo	él está implicado en un asunto
él no tiene dos dedos de frente	él es un necio
él lo mira por encima del hombro	él lo desprecia
él tiene las espaldas guardadas	él está protegido
él le dio con el pie	él lo trató con desprecio

TEST 53:

[1] S	A	[2] L	U	[3] D		[4] P	A	[5] S	O		[6] M	E	T	[7] A
U		O		[8] E	S	O		E			Í			G
B		[9] G	O	L		C		[10] A	T	[11] R	A	[12] P	A	R
[13] O	Í	R		[14] A	Ñ	O				A		A		I
		[15] A	Ú	N				[16] M	I	S	[17] E	R	[18] I	A
[19] O		D		T		[20] A		O			S		D	
[21] T	Í	O		[22] E	S	P	E	R	A		[23] E	D	A	[24] D
R						A		E						U
[25] A	[26] M	O	[27] R		[28] A	G	E	N	T	[29] E		[30] S	U	R
	Í		Í			A		O		M		E		O
[31] C	O	[32] L	O	[33] C	A	R				[34] P	A	N		
A		U		O				[35] M	A	R		[36] T	A	[37] N
[38] R	A	Z	[39] O	N	E	[40] S		A		[41] E	S	A		A
G			R			O		[42] L	E	S		D		D
[43] O	T	R	O		[44] A	N	D	A		[45] A	H	O	R	A

TEST 54:

1. ciudad **2.** comida **3.** hambriento **4.** estado **5.** café **6.** cambiar
7. aprender **8.** ayer **9.** público **10.** considerable **11.** apegada **12.** sólo
13. propios **14.** personas **15.** Que **16.** apoderarse **17.** ninguna
18. ninguna **19.** Ya **20.** va

TEST 55:

1. árbitro **2.** anochecer **3.** uniforme **4.** Papa **5.** huesos **6.** anteayer
7. granizo **8.** cabeza **9.** prohibir **10.** habitación **11.** siempre **12.** excepción
13. cardumen **14.** diversión **15.** lector **16.** salida **17.** arrastrarse
18. sentimiento **19.** música **20.** encontrar

TEST 56:

1. la felicidad : la infelicidad
2. Dios : el demonio
3. la abuela : la nieta
4. la pequeñez : la grandeza
5. el odio : el amor
6. el aumento : la disminución
7. la libertad : la esclavitud
8. el cielo : el infierno
9. la ida : el regreso
10. la admiración : el desprecio
11. el casamiento : el divorcio
12. la unión : la separación
13. la fealdad : la belleza
14. la altitud : la profundidad
15. el error : el acierto
16. la juventud : la vejez
17. la tierra : el mar
18. el despegue : el aterrizaje
19. el profesor : el alumno
20. la diversión : el aburrimiento

TEST 57:

1. mucho **2.** mal **3.** gustaría **4.** derecha **5.** despiérteme **6.** mío **7.** duele **8.** marcar **9.** ir **10.** noticias **11.** diviertas **12.** cantar **13.** desagradable **14.** médico **15.** Contamos **16.** primera **17.** Hay **18.** reparar **19.** balanza **20.** memoria

TEST 58:

1. bromista : chistoso
2. orgulloso : vanidoso
3. peligroso : arriesgado
4. funesto : trágico
5. triste : melancólico
6. enfermizo : achacoso
7. débil : endeble
8. frágil : delicado
9. patoso : torpe
10. tosco : rudo
11. moderno : nuevo
12. cansado : agotado
13. valioso : precioso
14. caro : costoso
15. astuto : listo
16. idéntico : igual
17. ordinario : grosero
18. constante : perseverante
19. excelente : óptimo
20. rico : millonario

TEST 59:

1. árbol
2. montaña
3. escritura
4. fuerte
5. rayado
6. balcón
7. dirección
8. carretera
9. quedarse
10. cuerpo de bomberos
11. fósforo
12. olla
13. simpático
14. cara
15. dentista
16. profesión
17. profesora
18. muñeca
19. madre
20. colegio

TEST 60:

1. comprendido **2.** profesor **3.** estropeado **4.** portarse **5.** fumar **6.** sufrir **7.** lento **8.** cama **9.** pedazos **10.** cosas **11.** desde **12.** del **13.** cualquier **14.** Déle **15.** media **16.** estómago **17.** terminar **18.** cansarse **19.** De **20.** conservar

TEST 61:

Un vaquero entra junto con su amigo en una taberna.
Quieren tomar juntos unos tragos de whisky.
En el bar ya hay doce hombres.
El vaquero señala hacia uno de ellos y pregunta:
"¿Ves a aquél del otro lado?"
"No sé a cuál te refieres", responde el amigo.
El vaquero saca su revólver y dispara hacia los hombres que están junto al bar.
Once de ellos caen al momento.
Entonces señala hacia el que ha quedado en pie.
"Me estaba refiriendo a ése", dice a su amigo.
"¿Y qué ocurre con él?", pregunta el amigo.
"A ése lo odio a muerte."

TEST 62:

1. asunto **2.** sobrante **3.** escuchando **4.** caer **5.** quieto **6.** beber **7.** asciende **8.** nada **9.** tráfico **10.** es **11.** dolor **12.** vehículos **13.** días **14.** ribera **15.** qué **16.** perro **17.** Lléneme **18.** firmar **19.** materia **20.** tren

TEST 63:

1 D	E	2 C	I	3 R		4 C	U	5 C	H	6 A	R	7 A	D	8 A
I		O		E		A		A		P		Ñ		G
9 S	O	N		10 C	A	S	A	R	S	E		11 O	Í	R
T				O		A		R		N				I
12 A	L	13 T	U	R	A		14 R	E	B	A	N	15 A	D	A
N		E		R		16 G		T		S		L		
17 C	E	N	T	E	N	A	R	E	S		18 A	G	U	19 A
I		E		R		S		R		20 E		U		L
21 A	N	D	A		22 T	O	T	A	L	M	E	N	T	E
		O		23 R		L		S		P		O		G
24 S	E	R	V	I	C	I	O		25 C	A	U	S	A	R
A				B		N		26 P		P				A
27 L	A	28 S		29 E	L	E	V	A	D	A		30 D	A	R
U		U		R		R		R		D		O		S
31 D	E	S	M	A	Y	A	D	O		32 O	E	S	T	E

TEST 64:

(1) América **(2)** extensión **(3)** posee **(4)** existe **(5)** fronteras **(6)** Brasil **(7)** Sur **(8)** con **(9)** desfavorable **(10)** vecinos **(11)** desarrollo **(12)** según **(13)** entre **(14)** oficial **(15)** habla

TEST 65:

1.	flores	jarrón
2.	automóvil	maletero
3.	tren	billete
4.	café	azúcar
5.	olla	tapa

a.	sopa	cuchara
b.	fiebre	termómetro
c.	escalera	barandilla
d.	embutido	cuchillo
e.	nieve	telesquí

I.	bicicleta	pedal
II.	teatro	escenario
III.	taberna	cerveza
IV.	circo	payaso
V.	cartera	cuero

A.	zoológico	animal
B.	piscina	agua
C.	cielo	estrella
D.	discoteca	música
E.	equipaje	maleta

TEST 66:

1. semana **2.** foso **3.** ningún **4.** responsable **5.** aguar **6.** saludos **7.** enfermedad **8.** cuartos **9.** oeste **10.** jugar **11.** anteojos **12.** vista **13.** invitación **14.** gratitud **15.** trabajar **16.** cine **17.** iglesia **18.** gritar **19.** Estará **20.** hay

TEST 67:

1. En casa del herrero, cuchara de palo.
2. En tierra de ciegos, el tuerto es rey.
3. Haz el bien, y no mires a quién.
4. Más vale pájaro en mano que ciento volando.
5. Matrimonio y mortaja del cielo bajan.
6. Menea la cola el can, no por ti, sino por el pan.
7. No hay peor ciego que el que no quiere ver.
8. Perro ladrador, poco mordedor.
9. Quien a hierro mata, a hierro muere.
10. Quien mal anda, mal acaba.
11. Si la envidia tiña fuera, qué de tiñosos hubiera.

TEST 68:

1. niebla
2. cuchillo
3. griego
4. encendedor
5. Albania
6. alegre
7. feliz
8. pecho
9. rama
10. Menorca
11. leche
12. servicio
13. naranjas
14. bencina
15. freír
16. duro
17. naranja
18. cara
19. opinión
20. comercio

TEST 69:

1. Tienen **2.** cuenta **3.** niños **4.** verduras **5.** vista **6.** cartel **7.** Le **8.** asciende **9.** tiempo **10.** teléfono **11.** Querido **12.** Estamos **13.** dejar **14.** subir **15.** depósito **16.** potable **17.** libros **18.** montaña **19.** suerte **20.** perro

TEST 70:

1. sueldo **2.** tapa **3.** piedra **4.** fruta **5.** flecha **6.** cohete **7.** acuario **8.** lentitud **9.** mesa **10.** estantería **11.** marco **12.** comienzo **13.** fracaso **14.** descansar **15.** cachorros **16.** princesa **17.** manada **18.** futuro **19.** vuestro **20.** hospital

TEST 71:

1. la cobardía : la valentía
2. el enemigo : el amigo
3. la lejanía : la cercanía
4. el fuego : el agua
5. la mujer : el hombre
6. la libertad : la prisión
7. el extranjero : la patria
8. la alegría : la tristeza
9. la nada : el todo
10. la paz : la guerra
11. la amistad : la enemistad
12. la frialdad : la calidez
13. la primavera : el otoño
14. el nacimiento : la muerte
15. el peligro : la seguridad
16. la salud : la enfermedad

TEST 72:

1. bien **2.** va **3.** Voy **4.** pan **5.** médico **6.** ha **7.** descalzarse **8.** nadie **9.** abajo **10.** gol **11.** pregunta **12.** calle **13.** bicicleta **14.** ver **15.** consultar **16.** escuela **17.** Pasó **18.** hace **19.** lugar **20.** sucede

TEST 73:

1. camiseta **2.** gas **3.** vivir **4.** Grecia **5.** caballo **6.** altura **7.** calcular **8.** mes **9.** francés **10.** católico **11.** año **12.** peinar **13.** piel **14.** desierto **15.** espalda **16.** componer **17.** tía **18.** sólido **19.** pez **20.** porcelana

TEST 74:

1 P	L	2 A	T	3 A		4 C	E	5 R	R	6 A	D	7 U	R	8 A
R		S		C		O		E		R		N		H
9 A	H	Í		10 E	S	P	E	S	O	R		11 O	R	O
C				L		A		E		I				R
12 T	A	13 L	L	E	R		14 P	R	O	B	L	15 E	M	A
I		I		R				V		A		X		
16 C	U	C	H	A	R	17 A	D	A			18 O	T	R	19 A
A		O		R		C		D		20 C		R		L
21 R	A	R	A			22 C	H	O	C	O	L	A	T	E
		E		23 Q		I				L		E		G
24 D	E	S	C	U	I	D	E		25 B	O	R	R	A	R
E				E		E		26 B		R				A
27 S	U	28 S		29 M	O	N	T	A	Ñ	A		30 D	A	R
E		E		A		T		J		D		O		S
31 A	N	D	A	R	I	E	G	O		32 O	E	S	T	E

TEST 75:

1. tiendas **2.** visita **3.** muelas **4.** cartas **5.** vehículo **6.** personas **7.** gafas **8.** Quiero **9.** terminar **10.** redonda **11.** adelante **12.** sentarse **13.** la **14.** caducado **15.** Tenemos **16.** mediados **17.** favor **18.** tarjeta **19.** promedio **20.** depósito

TEST 76:

1. probar : degustar
2. examinar : revisar
3. meditar : reflexionar
4. hablar : platicar
5. arriesgar : aventurar
6. gritar : chillar
7. echar : tirar
8. adornar : decorar
9. vacilar : titubear
10. hundirse : sumergirse
11. dar : donar
12. tartamudear : balbucear
13. discutir : reñir
14. cambiar : canjear
15. entrenar : practicar
16. vedar : prohibir
17. disminuir : reducir
18. desaprovechar : desperdiciar
19. escaparse : zafarse
20. adorar : venerar

TEST 77:

1. rugir **2.** francés **3.** portugués **4.** ciudad **5.** planta **6.** mina **7.** triunfo **8.** economista **9.** visitante **10.** mecha **11.** asientos **12.** río **13.** conductor **14.** acera **15.** director **16.** bomberos **17.** república **18.** sangre **19.** escasez **20.** aprender

TEST 78:

1. merece **2.** mí **3.** Supongo **4.** recto **5.** autobús **6.** Segunda **7.** domingo **8.** comida **9.** distinguido **10.** examen **11.** ejemplo **12.** dentro **13.** peor **14.** lugar **15.** compañía **16.** irse **17.** tres **18.** alegro **19.** dulce **20.** francés

TEST 79:

1. copa
2. mermelada
3. ruso
4. silencio
5. turrón
6. restaurante
7. Rusia
8. espejo
9. domingo
10. España
11. té
12. universidad
13. mellizo
14. hueso
15. jarabe
16. ojo
17. marzo
18. Polo Norte
19. bávaro
20. Atlántico

TEST 80:

1. Verdadero
2. Falso
3. Verdadero
4. Falso
5. Verdadero
6. Falso
7. Falso
8. Falso
9. Verdadero
10. Falso
11. Falso
12. Verdadero
13. Verdadero
14. Falso
15. Falso
16. Verdadero
17. Falso
18. Falso
19. Verdadero
20. Falso

TEST 81:

1		P	A	S	T	E	L	E	R	Í	A
2				L	I	B	R	E	R	Í	A
3					J	O	Y	E	R	Í	A
4		C	A	R	N	I	C	E	R	Í	A
5	F	L	O	R	I	S	T	E	R	Í	A
6			Z	A	P	A	T	E	R	Í	A
7			S	A	S	T	R	E	R	Í	A
8			P	A	N	A	D	E	R	Í	A
9		P	E	L	U	Q	U	E	R	Í	A
10			R	E	L	O	J	E	R	Í	A
11		V	E	R	D	U	L	E	R	Í	A
12			D	R	O	G	U	E	R	Í	A
13		L	A	V	A	N	D	E	R	Í	A

TEST 82:

1. A cuánto **2.** Cuándo **3.** Por qué **4.** En qué **5.** Qué **6.** A quién **7.** De quién **8.** Para quién **9.** Desde cuándo **10.** Para cuándo **11.** A qué **12.** Para qué **13.** En qué

TEST 83:

1 S	E	2 D		3 P	A	4 S	A	5 R		6 S	O	7 P	L	8 A
I		E		L		E		A		O		I		G
9 G	U	S	T	A		10 A	11 U	T	O	P	I	S	T	A
U		P		N			12 N	O		O		O		R
13 E	F	E	C	T	I	14 V	O		15 G	R	O	S	O	R
		J		A		I		16 G		T				A
17 D	Í	A	S		18 P	E	19 S	A	D	A		20 V	E	R
O		D		21 A		22 N	O	S		R		E		S
23 M	Í	O		24 P	U	E	N	T	E		25 A	N	T	E
I				R		S		O		26 H		D		
27 N	O	28 C	H	E	S		29 E	S	C	A	L	E	R	30 A
A		A		N		31 E	S			M		D		T
32 N	A	V	I	D	A	D	E	33 S		34 B	R	O	M	A
T		A		E		A		U		R		R		D
35 E	R	R	A	R		36 D	A	R	M	E		37 A	Ñ	O

TEST 84:

1. ALBARICOQUES **2.** MELOCOTONES **3.** ALMENDRAS **4.** CIRUELAS **5.** NARANJAS **6.** PLÁTANOS **7.** MANZANAS **8.** LIMONES **9.** MELONES **10.** CEREZAS **11.** NUECES **12.** MANGOS **13.** FRESAS **14.** KIWIS **15.** HIGOS **16.** PERAS **17.** PIÑAS **18.** UVA

TEST 85:

1. alegrar : entristecer
2. gastar : ahorrar
3. inspirar : espirar
4. ablandar : endurecer
5. acostarse : levantarse
6. dormirse : despertarse
7. cobrar : pagar
8. ganar : perder
9. hablar : callar
10. recordar : olvidar
11. juntar : separar
12. reír : llorar
13. escasear : abundar
14. mejorar : empeorar
15. aumentar : disminuir
16. llevar : traer
17. clarear : oscurecer
18. tranquilizar : intranquilizar
19. ensuciar : limpiar
20. planchar : arrugar

TEST 86:

1. China **2.** casas **3.** electricidad **4.** pérdida **5.** división **6.** caucho **7.** odio **8.** demonio **9.** peligroso **10.** verdad **11.** mucho **12.** desventaja **13.** oeste **14.** cantar **15.** respirar **16.** Hungría **17.** arriba **18.** jefe **19.** músico **20.** tabaco

TEST 87:

1. accidente **2.** entender **3.** colchón **4.** alcohol **5.** mala **6.** dañado **7.** maestro **8.** Por **9.** perder **10.** ocupado **11.** teatro **12.** Siga **13.** súper **14.** derecha **15.** seco **16.** sauna **17.** polvo **18.** usados **19.** tiene **20.** contento

TEST 88:

1. tenedor
2. papel
3. ordenador
4. Grecia
5. Polonia
6. Brasil
7. diciembre
8. respuesta
9. nieto
10. médico
11. Córcega
12. nacimiento
13. cine
14. gato
15. niño
16. mesa
17. rodilla
18. lana
19. marzo
20. primavera

TEST 89:

1. ofrecimiento **2.** proximidad **3.** ciudad **4.** sensatez **5.** inteligencia **6.** claridad **7.** discordia **8.** plural **9.** destinatario **10.** anchura **11.** fracaso **12.** prohibición **13.** diversión **14.** mentira **15.** niño **16.** pérdida **17.** calentamiento **18.** desgana **19.** aficionado **20.** exterior

TEST 90:

1. arriba **2.** otro **3.** Tengo **4.** estamos **5.** ponerse **6.** muy **7.** parado **8.** este **9.** clavo **10.** colocación **11.** curso **12.** frente **13.** encontrar **14.** Seguro **15.** mi **16.** error **17.** bueno **18.** quién **19.** manera **20.** por

TEST 91:

(1) está **(2)** fronteras **(3)** comercio **(4)** con **(5)** es **(6)** población **(7)** que **(8)** caracteriza **(9)** cuales **(10)** pero **(11)** y **(12)** volcanes **(13)** seco **(14)** como **(15)** dulce **(16)** peligrosos

TEST 92:

1. Irlanda
2. Eslovaquia
3. color
4. tren
5. dedo
6. perezoso
7. animal
8. pescar
9. mantel
10. cáscara
11. establo
12. Corán
13. gota
14. boca
15. petróleo
16. hielo
17. banco
18. veinticuatro
19. manga
20. carne

TEST 93:

1. despertarse **2.** ladrón **3.** dañado **4.** hasta **5.** Quiero **6.** Atención **7.** pesar **8.** nacimiento **9.** enfadado **10.** acusamos **11.** sentarse **12.** detengáis **13.** dejar **14.** caducado **15.** vender **16.** llave **17.** retener **18.** vida **19.** lejos **20.** tamaño

TEST 94:

1. silencio : tranquilidad
2. entretenimiento : diversión
3. suerte : fortuna
4. crimen : delito
5. riña : pelea
6. cambio : modificación
7. ira : cólera
8. belleza : hermosura
9. aire : brisa
10. libreta : cuaderno
11. pelo : cabellos
12. rezo : oración
13. poesía : poema
14. camino : senda
15. automóvil : vehículo
16. falta : carencia
17. mechero : encendedor
18. gafas : anteojos
19. nutrición : alimentación
20. rapidez : velocidad

TEST 95:

1 P	R	2 I	N	3 C	I	4 P	A	5 L		6 P	U	7 E	D	8 A
E		D		A		E		U		R		S		G
9 S	E	A		10 M	I	R	A	N	D	O		11 E	S	A
A				B		M		A		F				R
12 R	E	13 A	L	I	Z	A	R		14 D	E	S	15 E	A	R
		B		O		N		16 C		S		L		A
17 P	A	S	O		18 T	E	L	E	F	O	N	E	A	R
A		U		19 V		C		N		R		V		S
20 S	E	R	I	A	M	E	N	T	E		21 S	A	B	E
A		D		R		R		E		22 C		D		
23 P	R	O	P	I	O		24 E	N	F	A	D	A	D	25 O
O				A		26 O		A		U				T
27 R	A	28 S		29 D	O	L	O	R	E	S		30 M	Í	O
T		O		O		E		E		A		Í		Ñ
31 E	L	L	O	S		32 R	E	S	E	R	V	A	D	O

TEST 96:

1. beber
2. besar
3. bostezar
4. cantar
5. comer
6. escupir
7. hablar
8. lamer
9. mamar
10. mascar
11. morder
12. reír
13. roncar
14. sonreír
15. soplar
16. susurrar
17. toser

TEST 97:

1. el anciano : el joven
2. la vejez : la niñez
3. el antecesor : el sucesor
4. el principio : el fin
5. la oferta : la demanda
6. el miedo : la confianza
7. la pregunta : la respuesta
8. la pobreza : la riqueza
9. el médico : el paciente
10. la rapidez : la lentitud
11. la exportación : la importación
12. el gasto : el ahorro
13. la entrada : la salida
14. la excepción : la regla
15. la apertura : el cierre
16. el pago : el cobro
17. la afirmación : la negación
18. la recompensa : el castigo
19. la montaña: el valle
20. el movimiento : la quietud

TEST 98:

1. nido **2.** pintar **3.** nariz **4.** cuero **5.** inteligencia **6.** continente
7. caballo **8.** triste **9.** llorar **10.** montaña **11.** río **12.** redondo **13.** dulce
14. joven **15.** cocinar **16.** lavar **17.** techo **18.** notas **19.** morder
20. longitud

TEST 99:

1 R	A	2 T	Ó	N			3 C	A	B	R	A	
		E					A					
		4 R	A	T	A		B					5 P
		N				6 G	A	L	L	I	N	A
7 O	V	E	J	A			L					V
		R			8 C		L		9 G	A	T	O
	10 C	O	R	D	E	R	O		A			
					R				L			11 G
	12 P				D		13 P	A	L	O	M	A
14 C	O	N	E	J	O		A		O			N
	N						T					S
	I		15 P	E	R	R	O					O

TEST 100:

Fertilidad

Hace unos quinientos años, vivió en Alemania una mujer que fue la que tuvo más hijos del país. En la tumba de esta señora se puede leer que parió 38 niños y 15 niñas, es decir, trajo 53 bebés al mundo. Desde luego fueron menos que en el caso de una campesina rusa de la que se afirma que tuvo un total de 69 hijos. Sin embargo, los hijos de la madre alemana nacieron como cuatrillizos, trillizos o mellizos. Desgraciadamente se desconoce cuántos de ellos sobrevivieron.